Un mensaje desde Ucrania

Un mensaje desde Ucrania

Discursos 2019-2022

VOLODÍMIR ZELENSKI

Traducción de
Raquel Marqués García

Penguin
Random House
Grupo Editorial

Título original: *A Message from Ukraine*

Primera edición: marzo de 2023

© 2022, Volodímir Zelenski, presidente de Ucrania
Publicado por primera vez en 2022 por Cornerstone, un sello editorial de
The Random House Limited, parte del grupo Penguin Random House.
© 2022, Penguin Random House Grupo Editorial, S. A. U.
Travessera de Gràcia, 47-49. 08021 Barcelona
© 2023, Penguin Random House Grupo Editorial USA, LLC.
8950 SW 74th Court, Suite 2010
Miami, FL 33156

© 2022, Raquel Marqués García, por la traducción

Los discursos contenidos en el presente volumen han sido resumidos y editados para
una mayor claridad. Están registrados bajo una licencia Creative Commons (CC by 4.0).
Puede accederse a las versiones originales traducidas al inglés
en president.gov.ua/news/speeches

Impreso en Colombia - *Printed in Colombia*

ISBN: 978-1-64473-828-3

23 24 25 26   10 9 8 7 6 5 4 3 2 1

Índice

Prefacio

Estamos aquí

El discurso más importante de Zelenski fue también el más corto. Duró treinta y dos segundos y se emitió treinta y ocho horas después de que Rusia empezara una guerra total sin que su país hubiera sido provocado. Vestido de color caqui, Zelenski se filmó a sí mismo con el móvil en el exterior de un edificio gubernamental. Al fondo se encontraban varios altos cargos de su equipo de Gobierno. «Buenas noches a todos —dijo—. Estamos todos aquí. Nuestros soldados están aquí. La sociedad civil está aquí. Defendemos la independencia. Y así será siempre, desde este momento».

Cuando el vídeo apareció en las redes sociales, la noche del 25 de febrero, Ucrania llevaba más de un día bajo fuego constante: paracaidistas rusos tomaban un aeropuerto militar de Kíev, había comandos buscando a Zelenski y la gente huía de sus casas. Corrían los rumores, propagados por oficiales rusos, de que Zelenski había abandonado el país y de que el Gobierno se había desmoronado. Aquel vídeo de medio minuto demostraba lo contrario.

Durante las horas, los días y los meses que siguieron, Zelenski se dirigió a su pueblo, a los rusos y al mundo alrededor de un centenar de veces. A lo largo de los primeros doscientos días de guerra, dio ochenta y un discursos a audiencias extranjeras, y aún más a su país. Sus discursos le valdrían comparaciones con Churchill, y su camiseta verde militar se convertiría en un símbolo global de la moda. La bandera ucraniana ondearía en edificios públicos y domicilios particulares por todo el mundo occidental; la Puerta de Brandeburgo y la Torre Eiffel se iluminarían en amarillo y azul.

Aquel breve vídeo fue el que tuvo más impacto en el curso de la guerra. Era la prueba de que estaba fracasando el plan de Putin, el de una victoria relámpago; de hecho, ya había fracasado. Zelenski no huyó, la capital ucraniana no cayó en manos de Putin y la gente del este del país, de lengua rusa, no dio la bienvenida a las tropas con flores. Zelenski estaba «*tut*», «aquí», en su puesto, cerrando filas. Igual que su país.

El presidente no tenía aspecto de líder militar. No escogió el papel ni se preparó para él. En las semanas previas a la invasión incluso minimizó la probabilidad de que tuviera lugar nada semejante. Pero cuando horas antes de la invasión los oficiales estadounidenses le ofrecieron salir del país en avión, su respuesta fue concisa: «Necesito munición, no un viaje». De inmediato, esas palabras se convirtieron en un meme, junto con las de los defensores ucranianos de la diminuta isla de Zmiini, situada en el mar Negro, cuando un barco de la marina rusa les ordenó que se rindieran: «Buque de guerra ruso, que te den por culo».

La retórica sencilla de Zelenski ponía de manifiesto el extremo contraste entre los regímenes en contienda. La corta y cálida palabra «*tut*», repetida nueve veces en aquel primer vídeo de medio minuto, sonaba tranquilizadora, como si un padre calmara a un niño asustado cuya casa hubieran invadido. También fue relevante el uso que hizo de la tecnología. Mientras que Putin era un dictador iluso que se dirigía a sus súbditos desde detrás de los altos muros del Kremlin, Zelenski estuvo con los suyos. Al colgar un vídeo de sí mismo en internet demostró que era uno más, una parte integrada del entramado social que era Ucrania.

En febrero de 2022, Zelenski no llevaba ni tres años de presidente. Los votantes lo conocían de antes como Vasil Holoborodko, un profesor de Historia sin pelos en la lengua que por una carambola milagrosa acababa ocupando el puesto de presidente de Ucrania y se hacía cargo de todo el sistema político del país; ese era el papel que interpretaba

Zelenski en una sátira televisiva llamada *Servidor del pueblo*. Una vez que arrancó la campaña presidencial de diciembre de 2018, el pasado de Zelenski como actor y productor resultó crucial para su éxito. Sabía cómo reflejar a su público, y los votantes se reconocieron en aquella semejanza. No solo habló a los ucranianos; les leyó los labios y puso palabras a sus sentimientos.

De repente, aquel don cobró plena importancia. Ucrania había sido durante mucho tiempo un pueblo, un lugar y, tras la caída de la Unión Soviética, en 1991, un Estado. Después empezó a convertirse también en una nación cívica: una nación no definida por la lengua ni la etnia, ni por la historia ni la fe, sino por sus valores, su modo de vida y la disposición de la gente a morir por ella. Tiempo atrás, Zelenski prestó su voz al osito Paddington en el doblaje de *Paddington* y *Paddington 2*. Ahora presta su voz al pueblo ucraniano.

El lugar de nacimiento de esta nación es el maidán Nezalézhnosti, la plaza de la Independencia de Kíev, donde tuvieron lugar varios levantamientos revolucionarios a los que los ucranianos afluyeron para decidir su futuro. En 2014 acudieron allí para manifestar que pertenecían a Europa y para echar a Víktor Yanukóvich, un matón respaldado por Moscú que había intentado negarles ese derecho. La revolución terminó en violencia.

Yanukóvich huyó, Rusia se anexionó el territorio ucraniano de Crimea y comenzó una guerra en el este del país.

Zelenski no estaba en el maidán en 2014 ni participó en lo que se conocería como la Revolución de la Dignidad, pero sí pidió a Yanukóvich que dimitiera. No era que no estuviera de acuerdo con las peticiones de la protesta; en realidad, no lo movían ni el nacionalismo ni la ideología, y las revoluciones no eran su «estilo». En cuanto productor televisivo de éxito, conocía bien a su audiencia: un poco cínica, con confianza en sí misma, conformista, pero con los pies en la tierra. Durante la revolución, muchos se quedaban en casa viendo sus comedias.

Si bien Zelenski no participó en la revolución del maidán, su carrera política fue una reacción a la ruptura de aquellas promesas. Como a buena parte del país, le daban escalofríos cuando los políticos se llenaban la boca de palabras grandilocuentes mientras maquinaban cómo obtener beneficios económicos, y se quedó de piedra cuando las viejas élites se reagruparon, alzaron nuevos estandartes y volvieron a sus costumbres de siempre. Sin embargo, mientras la clase dirigente seguía haciendo lo mismo que antes, el país estaba cambiando; la sociedad civil maduraba y ya no estaba dispuesta a tragar con el anterior orden de las cosas. En 2019, los ucranianos castigaron a la élite corrupta post-soviética votando a Holoborodko —es decir, a Zelenski— para presidente.

La idea de que una persona ajena irrumpiera en un sistema oligárquico donde todo lo decidía el dinero —y donde ser el propietario de un canal de televisión, un banco o un pequeño ejército privado solía constituir un requisito para acceder al poder político— parecía una historia casi tan inverosímil como la de Holoborodko. Pero a los ucranianos les gusta lo inverosímil. Zelenski, un rusoparlante proucraniano procedente de una familia judía del este del país, obtuvo el voto de tres cuartas partes de la población. Era la primera vez que el mapa electoral de Ucrania estaba tan cohesionado.

Algunos liberales del país y observadores occidentales se mostraron escépticos ante su victoria. Expresaron preocupación por la falta de un programa exhaustivo y de un equipo profesional. Pero toda la experiencia política de la que carecía Zelenski la compensaba con el sentido del humor, la desfachatez y la habilidad comunicativa, un conjunto de recursos fundamentales en Kroví Rih, la dura ciudad industrial donde había crecido, situada en la zona central del país. No ofrecía un reflejo romántico de Ucrania, sino una realidad: una nación con sus puntos débiles, a veces exasperante, pero también benevolente y singular.

La forma en que se aproximó a la política también fue distinta de la de sus predecesores. No explotó las diferencias lingüísticas regionales del modo en que habían hecho políticos anteriores. Explotó —si «explotar» es la palabra adecuada— lo que las personas tenían en común, no lo que las dividía. Y lo que tenían en común eran el ingenio, el deseo de llevar una vida normal y el rechazo del Estado y las viejas élites. Si esto es populismo, entonces Zelenski era populista.

Conocí al presidente Zelenski un día de junio de 2021. Lo entrevisté para *The Economist* en un salón enorme de las oficinas administrativas presidenciales, construidas entre 1936 y 1939, el periodo del Gran Terror de Stalin, y destinadas a ser el cuartel general del distrito militar de Kíev. El edificio albergó a los mandos nazis en la guerra y después sirvió de sede principal al Comité Central del Partido Comunista de Ucrania. Ocupaba una manzana entera en el centro de Kíev, y era una representación del régimen estalinista y del poder del Estado sobre el individuo.

Sin lugar a dudas, Zelenski parecía estar fuera de lugar. «Todavía no me siento cómodo aquí», me dijo. Aquella arquitectura era la antítesis de su idea de Ucrania como país descentralizado, carente de jerarquía y democrático. Me sorprendió su sinceridad, su deseo de transformar Ucrania y la ausencia de plan para llevarlo a cabo. Me costó mucho encontrar una manera convincente de plantear el artículo que estaba escribiendo. «He sido impetuoso al buscar el cambio, pero no soy una persona que empieza a hacer las cosas con una estrategia previa» fue una de sus mejores declaraciones. La situación parecía sobrepasarlo; debía hacerse cargo de un sistema que lo destrozaría casi con seguridad. Me era muy difícil imaginármelo como un líder en tiempos de guerra.

La siguiente vez que vi al presidente, el edificio había recuperado su propósito original: era un cuartel militar. Estábamos a finales de marzo de 2022 y había viajado a Ucrania en tren con la redactora jefe, Zanny Minton Beddoes. Era la primera vez que yo iba al país desde que había empezado el conflicto, y lo que vimos recordaba una película de la Segunda Guerra Mundial. Los pueblos estaban sometidos al toque de queda y el tren llevaba las luces atenuadas para que no lo detectaran. La estación de Lviv estaba sumida en un silencio espeluznante y llena de gente que huía de la guerra: mujeres con los ojos hundidos, tan exhaustas que ya no podían hablar; niños callados, tan exhaustos que ya no podían llorar. Prevalecían los sonidos de la vida descompuesta: se oían sirenas antiaéreas, se veían erizos antitanques por las calles desiertas, las fuerzas rusas seguían en las afueras de Kíev.

«Bienvenidos a nuestra fortaleza»: así fue como nos saludaron los hombres armados cuando cruzamos la puerta del edificio, protegida con sacos de arena. Zelenski emergió del búnker, construido por los soviéticos para protegerse de los ataques aéreos y tan profundo que podía resistir los efectos de una bomba nuclear. Ya no parecía estar fuera de lugar, pero tampoco tenía nada de churchilliano. La dimensión de lo que ocurría a su alrededor excluía toda posibilidad de que interpretara un papel. No hablaba como un comandante en jefe, sino como un hombre corriente arrojado a unas circunstancias extraordinarias. Además, parecía haber envejecido diez años y se había dejado barba.

Los políticos no suelen prestar atención a las preguntas de los entrevistadores; lo normal es que se limiten a esperar a que dejes de hablar y suelten un mensaje ensayado con anterioridad. Zelenski no se comportaba así: escuchaba, reflexionaba y tomaba parte en una conversación que se desarrollaba en tres idiomas. «No somos héroes. Hacemos lo que hay que hacer y estamos donde hay que estar», dijo. Era evidente que no comandaba un ejército; de eso se encargaban los generales, y él tenía la sensatez de delegar en ellos esa tarea. Tampoco se inmiscuía en los asuntos de los alcaldes ni de las comunidades pequeñas; estos estaban más cerca de la acción y sabían mejor cómo organizarse. Todo el mundo hacía las cosas lo mejor que sabía, y Zelenski no era una excepción: se comunicaba con los ucranianos y presionaba a los gobiernos y a las empresas para que le suministraran armas. Era una nación de voluntarios, y Zelenski era el voluntario en jefe.

En los discursos que pronunció en parlamentos y asambleas de todo el mundo, Zelenski no se dirigió solo —ni principalmente— a los políticos. Apelaba a la gente que los había elegido. Las grandes manifestaciones que hubo en Berlín, París y Londres, alentadas por sus discursos, forzaron a los gobiernos a llevar más lejos el apoyo a Ucrania, hasta extremos que nadie habría creído posibles. Los discursos calaron con tanta rotundidad, quizá, porque el mensaje de Zelenski era de tal claridad y fuerza moral que a pocos dejaba indiferentes. Sus palabras tenían algo que habían estado buscando los occidentales, en particular los de las generaciones jóvenes: algo que les diera sentido en una sociedad posideológica en la que hacía tiempo que la libertad se daba por sentada. El mundo no había oído palabras con tanto significado desde la caída del Muro de Berlín y el llamado «fin de la historia».

La guerra genocida de Vladímir Putin contra la identidad, la cultura y el pueblo de Ucrania fue un recordatorio de que la historia estaba lejos de terminar y de que el fascismo —su mayor mal—

estaba lejos de haber muerto. Pero si Putin creó la guerra, Zelenski la narró. Ni en ucraniano ni en ruso existe diferencia entre las palabras inglesas *history* [«historia», como disciplina] y *story* [«historia», como relato], y Zelenski en sus discursos narraba ambas: las historias de cada cual y la historia del conflicto europeo más funesto desde el término de la Segunda Guerra Mundial.

Los discursos que Zelenski ha escogido para que se incluyan en este libro representan otro intento de contar esa historia. A medida que el invierno daba paso a la primavera, las referencias y los ejemplos fueron cambiando, pero el mensaje siguió siendo el mismo. La guerra que se libraba en Ucrania no era regional, por un territorio, ni una lucha por un dominio geopolítico. Era una guerra entre un estado nuclear corrupto y un pueblo que simplemente deseaba vivir en paz en su tierra y a su manera. Era una guerra entre la empatía y el odio, entre la dignidad y la esclavitud y, en última instancia, entre la vida y la muerte. La guerra de Ucrania, decía Zelenski, era la guerra de todos.

Cuando Putin inició la contienda, y durante el avance de su ejército hacia la capital, por lo visto los soldados rusos metieron en sus macutos los uniformes de gala que usaban para los desfiles, puesto que esperaban que los recibieran con los brazos abiertos y estar marchando por las calles de

Kíev en cuestión de días. Seis meses después, el día de la Independencia de Ucrania, en efecto había tanques rusos en el centro de Kíev: carbonizados y destrozados. Aquel arsenal de armamento ruso destruido fue una exhibición de la resistencia ucraniana, y también de su sentido del humor. Y el discurso de Zelenski de aquel día, el 24 de agosto, fue un punto de inflexión. Ucrania ya no quería la paz con Rusia, dijo. Quería la victoria.

Mientras escribo estas líneas, la victoria ya no parece imposible. Las semanas que siguieron al 24 de agosto, las fuerzas ucranianas llevaron a cabo una ofensiva espectacular y liberaron más territorio en pocos días que el que Rusia había tomado en los cinco meses anteriores. Putin, desesperado y humillado, arremetió contra la infraestructura civil y amenazó con emplear armas nucleares. Zelenski respondió con un mensaje en redes sociales: «Léeme los labios: ¿sin gas o sin ti? Sin ti. ¿Sin luz o sin ti? Sin ti. ¿Sin agua o sin ti? Sin ti. ¿Sin comida o sin ti? Sin ti».

El poder retórico de la alocución de Zelenski procede de la naturaleza que ha definido tantos de sus discursos: la verdad. Esta le ha proporcionado una capacidad singular para dar forma a la imagen que el mundo tiene de Ucrania. Nadie sabe cuánto durará esta guerra ni cómo terminará, ni tampoco qué tipo de presidente será Zelenski cuando acabe el conflicto. Sin embargo, una cosa es segura: si el objetivo de Putin era borrar a Ucrania del mapa, borrar su soberanía y su identidad, se le escapó el día en que la invadió. Como decía Zelenski en aquel primer vídeo, Ucrania está «*tut*». Está aquí para quedarse.

ARKADY OSTROVSKY,
octubre de 2022

Arkady Ostrovsky es un escritor y periodista británico, ganador de varios premios. Es el redactor encargado de Rusia y Europa del Este para The Economist.

Introducción

Cambiar el pasado

Sería la persona más feliz del mundo si el libro que tienes en las manos nunca se hubiera publicado.

Si los discursos que pronuncié después del 24 de febrero de 2022 nunca se hubieran escrito ni dicho y si los que di después de la invasión nunca se hubieran escuchado ni leído.

Sé que es brusco empezar así esta introducción. En el caso de la gran mayoría de los libros, lo sería demasiado. Este es la excepción. No escribo estas palabras para tratar de llamar la atención ni para hacerme famoso. El motivo por el que necesito que me prestéis atención es demasiado doloroso; el precio de la «fama», demasiado alto. Es la guerra que se ha desatado contra Ucrania. Son los miles de vidas que se ha llevado Rusia.

Si pudiéramos cambiar el pasado... hay tantas cosas a las que renunciaría sin pensarlo. El aplauso y la admiración de países de todo el mundo. Preferiría que cuando la gente oyera el nombre de Zelenski, preguntara: «¿Quién?». Me gustaría no haber oído nunca la ovación del Congreso de Estados Unidos, de la Casa de los Comunes británica o del Parlamento Europeo, y que Ucrania no hubiera escuchado nunca el ruido de las explosiones ni los disparos que se han producido en nuestra patria.

Si pudiéramos cambiar el pasado... preferiría que no fuese mi cara la que aparece en la portada de *Time*, sino la de un médico dedicado a encontrar una cura para el cáncer; que las listas de las personas más influyentes del mundo no se centraran en los políticos, sino en los científicos que exploran caminos para terminar con el hambre y con el calentamiento global, con la guerra química y biológica, incluso con la amenaza nuclear a la que se enfrenta el mundo.

Si pudiéramos cambiar el pasado... renunciaría a todas las menciones que se han hecho de mi nombre en la prensa mundial, a todas las veces que se han compartido mis publicaciones en redes sociales. A mi corazón no le importa si consigo seguidores nuevos en Instagram y Facebook; todo lo que siento es cómo se me parte de dolor por las miles de personas asesinadas en Bucha e Izium, por todos los ucranianos fallecidos.

Suponiendo que vivas en el planeta Tierra, seguramente sabrás lo que ha estado ocurriendo en Ucrania durante los últimos ocho años. Suponiendo que estés en tus cabales —que tienes lucidez mental y un corazón empático—, ya sabrás la importancia que tiene la fecha del 24 de febrero de 2022. Quizá entiendas por qué escribir «fr» con minúscula es, cuando menos, justo.* Tal vez hasta comprendas por qué he empezado la introducción de esta forma: abrupta, intensa, disonante.

Así son los tiempos en los que se ha escrito. Así es la guerra en la que se han pronunciado estas palabras. Tienes razón. En la gran mayoría de los libros, este comienzo habría sido demasiado. Este libro es la excepción.

Pero este no es un libro que trate de lo incapaces que somos de cambiar el pasado. Trata de cómo podemos construir el futuro. Y de cómo Ucrania y su pueblo ya lo están haciendo.

Este proceso no empezó el 24 de febrero. Ucrania no apareció en el mapa del mundo a principios de 2022. Los ucranianos no nacieron en el momento de la invasión de la fr. Fuimos, somos y seremos; hemos existido, existimos y seguiremos existiendo. Y, por más que agradezcamos la ayuda, el apoyo y la atención que nos ha brindado el mundo, no hay

* federación rusa. El Gobierno ucraniano no escribe con mayúscula inicial el nombre del Estado ruso porque si lo hiciera le estaría concediendo una legitimidad política indebida.

que empezar a dar por sentada la valentía de nuestro pueblo. La guerra no debe convertirse en algo normal.

No te olvides de Ucrania. No te canses de Ucrania. No dejes que nuestra valentía «pase de moda».

Apoyar a Ucrania no es una tendencia, un meme ni un reto viral. No es una fuerza que se extiende veloz por el planeta y después se pierde en el olvido con igual rapidez. Si quieres entender quiénes somos y de dónde somos, qué queremos y adónde vamos, primero tienes que conocer más cosas sobre nosotros. Este libro te ayudará en esa tarea.

* * *

No somos los que empezamos esta guerra, pero somos quienes debemos terminarla. Y estamos preparados para dialogar con ese objetivo.

¿Qué será lo que traiga el fin de la guerra? Antes decíamos: «La paz». Ahora decimos: «La victoria».

Estas palabras están extraídas del primer discurso y del último que aparecen en este libro. Los separan tres años y tres meses: desde el 20 de mayo de 2019 hasta el 24 de agosto de 2022. Este es el periodo de la historia de Ucrania por el que te voy a guiar. Este es el camino que hemos recorrido como nación.

Las palabras anteriores describen sucintamente cómo he cambiado, cómo lo han hecho mi equipo y mi pueblo. No queríamos la guerra. Hicimos todo lo posible para evitarla. Estuve pronunciando palabras en ese sentido desde que juré el cargo de presidente hasta las horas previas a la invasión rusa.

Cada vez que la fr prendía fuego al polvorín, nosotros lo apagábamos. No respondimos a sus provocaciones ni emprendimos ninguna acción cuando violaron todos y cada uno de los acuerdos a los que habíamos llegado los dos países. Siempre hemos dirigido nuestros esfuerzos hacia la paz, siempre hemos confiado en la diplomacia, siempre hemos pedido dialogar y negociar.

A las cuatro en punto de la madrugada del 24 de febrero recibimos la respuesta de la fr. Sus acciones la dejaban clara. Querían destruir Ucrania, borrarnos de la faz de la tierra como estado y como pueblo.

No era la primera vez, por supuesto, que los ucranianos oían esa respuesta. Muchos invasores la han pronunciado a lo largo de muchas épocas y en muchas lenguas. Y para todos terminó de la misma manera. Al final, todos los ejércitos invasores huyeron de vuelta por la frontera que habían cometido el error de cruzar. Abandonaron las armas y los pertrechos a toda prisa y salieron de nuestro país a duras penas.

Esto es lo que han hecho también las fuerzas de la fr. Maldijeron el día en que pusieron un pie en nuestra tierra y vieron cómo el amable y tranquilo pueblo de Ucrania se convertía en un león dispuesto a destrozar a cualquier enemigo.

Han presenciado cómo unas personas afables y hospitalarias se han convertido en guerreras y no les han ofrecido el grano de sus campos, sino el plomo de sus fusiles.

Han sido testigos de cómo a los militares se les han unido estudiantes y científicos, músicos y actores, profesores y doctores, ingenieros y campesinos. De cómo han vencido al segundo ejército más poderoso del mundo, de cómo han enviado al buque insignia de la flota rusa al fondo del mar, de cómo han aprendido a utilizar los M270 MLRS y los HIMARS* en menos de una semana, de cómo han liberado miles de kilómetros de territorio en solo unos pocos días.

¿Quiénes son estos ucranianos? Encontrarás las respuestas en los dieciséis discursos recopilados aquí. No se han escogido al azar. Desde que asumí

---

* Sistema de misiles construido en Estados Unidos que el ejército ucraniano empezó a usar a partir de junio de 2022.

el cargo, en mayo de 2019, he pronunciado alrededor de mil discursos por todo el mundo. He seleccionado cuáles debían incluirse en este libro porque, más que cualquiera de los demás, son los que mejor te ayudarán a entendernos y a entender nuestras aspiraciones, nuestros principios y nuestros valores.

Así pues, en estas páginas te invito a saber de Ucrania. A saber de nuestros sueños y de quiénes han tratado de aplastarlos. A descubrir cómo éramos antes de la invasión, cómo nos ha cambiado la guerra y por qué. A leer sobre nuestra vida y nuestra historia de los últimos tres años.

Y, sobre todo, a escuchar nuestro mensaje, aquel que sonó con fuerza y claridad el día de la Independencia de 2022 y sonará hasta que el último soldado de la fr se marche de nuestro territorio. «¿Qué será lo que traiga el fin de la guerra? Antes decíamos: "La paz". Ahora decimos: "La victoria"».

Presidente VOLODÍMIR ZELENSKI,
octubre de 2022

PRIMERA PARTE
Nuestros valores

«La libertad no es ir sin grilletes en las manos. La libertad es ir sin grilletes en la mente».

En abril de 2019, Volodímir Zelenski fue elegido presidente de Ucrania. A lo largo de los cuatro meses anteriores, el antiguo cómico y productor de televisión defendió una campaña que subrayaba su condición de ciudadano ajeno al sistema político y su determinación de enfrentarse a la vieja élite política ucraniana. Tras ganar, tuvo la oportunidad de rehacer el país. Ucrania, dijo en su discurso de inauguración, estaba a punto de entrar en una «nueva era», definida por un nuevo conjunto de valores. Durante los años que siguieron, Zelenski dibujaría en todas partes esa visión que tenía para Ucrania, desde el Parlamento nacional hasta la tribuna del Consejo de Seguridad de las Naciones Unidas. Describiría a Ucrania como una nación democrática, independiente, libre de corrupción y segura de que su lugar se halla en el corazón de Europa. Zelenski también apuntaba a la mayor amenaza de esta nueva era: Rusia. Vladímir Putin, explicaba, no podía tolerar la elección por la que se había decantado el pueblo ucraniano: Europa, y no Rusia; democracia, y no autocracia.

1

«Ahora todos somos el presidente»

Discurso inaugural pronunciado
en el Parlamento ucraniano
Kíev, 20 de mayo de 2019

Cuando me eligieron presidente, mi hijo de seis años me dijo: «Papá, en la tele dicen que Zelenski es el presidente. Entonces, ¿yo también soy el presidente?».

En aquel momento me hizo gracia, pero más tarde me di cuenta de que era cierto. Porque cada uno de nosotros es el presidente. No solo el 73 por ciento que me ha votado, sino el ciento por ciento de los ucranianos. Esta victoria no es solo mía; es la de todos. Y es una oportunidad para todos, y todos somos responsables de ella.

Porque no soy solo yo quien ha prestado juramento. Cada uno de nosotros ha posado la mano en la Constitución y ha jurado lealtad a Ucrania.

Ahora, imaginemos los titulares si ese fuera el caso. «El presidente no paga impuestos». «El presidente se saltó un semáforo en rojo estando borracho». O tal vez: «El presidente está robando dinero a escondidas porque eso es lo que hace todo el mundo». ¿No sería una vergüenza? A esto me refiero cuando digo que todos somos el presidente. Construir Ucrania es una responsabilidad que compartimos. Desde este momento, depende de nosotros crear el país que queremos dejar a nuestros hijos.

Pues, si vamos a ser un país europeo, la europeidad empieza en cada uno de nosotros. Hemos escogido el camino que lleva a Europa, pero Europa no es algo que está «ahí fuera». Europa está aquí, en la mente. Y en cuanto aparezca ahí, aparecerá en toda Ucrania.

Ese es nuestro sueño común. Sin embargo, también compartimos un dolor común. Todos nosotros hemos muerto en el Donbás. Todos somos refugiados. Todos somos trabajadores migrantes. Y todos vivimos en la pobreza.

Pero saldremos de esta. Porque también somos ucranianos.

No hay ciudadanos mejores ni peores en esta nación. De Úzhgorod a Luhansk, de Cherníhiv a Simferópol, de Lviv a Járkiv, de Donetsk a Dnipró y a Odesa, todos somos ucranianos. Y debemos resistir como un solo hombre. Porque solo somos fuertes cuando estamos unidos.

Así pues, hoy me dirijo a los ucranianos de todo el mundo. Somos sesenta y cinco millones. Ucranianos que estáis en Europa y en Asia, en América del Norte y del Sur, en Australia y en África, me dirijo a todos vosotros. Concederé gustoso la ciudadanía a todo el que esté dispuesto a construir una Ucrania nueva, fuerte y triunfante. No vengáis de visita; volved a casa. No nos traigáis recuerdos del extranjero; simplemente traed vuestros conocimientos, vuestra experiencia y vuestros valores.

Eso nos ayudará a empezar una nueva era. Los escépticos dirán que no es posible, que es una fantasía. Pero ¿y si fuera precisamente eso lo que nos define como nación: unirnos y conseguir lo imposible, contra todo pronóstico?

Algunos de vosotros recordaréis cuando el equipo de fútbol islandés se clasificó para la Eurocopa en 2016. Un dentista, un director, un piloto, un estudiante y un limpiador se unieron para defender el orgullo de su país. Nadie creyó que fueran a conseguir nada, pero lo hicieron.

Este debería ser también nuestro camino. Tenemos que ser los islandeses en fútbol, los israelíes en la defensa de su tierra, los japoneses en tecnología y los suizos en su capacidad para vivir juntos en armonía.

No obstante, nuestra primera tarea es conseguir el alto el fuego en el Donbás. Me han preguntado muchas veces: ¿qué precio estás dispuesto a pagar por el alto el fuego? Es una pregunta extraña.

¿Qué precio estás dispuesto a pagar por la vida de tus seres queridos? Estoy dispuesto a pagar lo que sea para evitar que sigan muriendo nuestros héroes. Estoy dispuesto a dar mi fama, mis resultados en las encuestas; si es necesario, mi posición. Lo único que no voy a dar es nuestro territorio.

La historia no es justa. No somos los que empezaron esta guerra, pero somos quienes deben terminarla. Y estamos preparados para dialogar con ese objetivo.

El primer paso será el retorno de todos los prisioneros ucranianos. El siguiente, obtener la garantía de que nos «devolverán» los territorios perdidos. Esta palabra no me parece del todo correcta porque no se nos puede devolver aquello que siempre ha sido nuestro. Tanto Crimea como el Donbás son tierra ucraniana.

Pero son territorios donde hemos perdido lo más importante: la mentalidad de todos los que viven allí. Y necesitamos recuperarlos. Durante años, las autoridades no han hecho nada para que las personas de Crimea y el Donbás se sientan ucranianas, para que entiendan que no son forasteros, sino de los nuestros.

Aunque les concedieran diez pasaportes distintos de diez países distintos, la realidad no cambiaría. Ser ucraniano no es una palabra escrita en un pasaporte. Ser ucraniano se lleva aquí, en el corazón.

2

«La guerra de otros»

Discurso pronunciado en la Asamblea General
de las Naciones Unidas
Nueva York, 25 de septiembre de 2019

Cada uno de los presentes en esta sala tiene un
conjunto de valores distinto y un conjunto de problemas distinto. Pero hay una cosa que los une:
todos pronunciaron su primer discurso desde esta
tribuna.

Recuerden, por favor, cómo se sentían en
aquel momento. Cada uno de ustedes, respetado y
honrado hoy en día, fue en su momento un «prin-
cipiante» como político de ámbito global. Desde
entonces, la mezcla de pragmatismo, escepticismo
y cruda realidad geopolítica que define nuestro mundo todavía no ha apagado su pasión, su creencia
inquebrantable en que es posible cambiar el mundo para mejor.

Recuerden lo importante que era entonces
comunicar al mundo los problemas de su país y de

su pueblo. Recuerden lo importante que era ser escuchado. Así es como me siento yo hoy.

Me gustaría contarles una historia. Es la historia de una persona para la que «ser escuchado» era lo que daba sentido a su vida. Este hombre tenía una voz divina. Estaba considerado uno de los mejores barítonos y contratenores del mundo. Su voz se oyó en el Carnegie Hall de Nueva York, en la catedral de Notre Dame, en el Covent Garden de Londres y en la Grand Opéra de París. Tal vez hayan tenido ustedes la oportunidad de escuchar su extraordinario canto.

Sin embargo, hay un pequeño detalle que hace que ya no puedan escucharlo. Se lo enseño, es como esto.* Doce coma siete milímetros que terminaron no solo con su carrera, sino también con su vida. Vale diez dólares. Esto es lo que cuesta hoy una vida humana.

Existen miles de historias como esta, millones de balas como esta. Bienvenidos al siglo XXI. Se suponía que iba a ser el siglo de las oportunidades, pero en la actualidad, en lugar de tener la oportunidad de que te escuchen, tienes la oportunidad de que te maten.

Ese hombre se llamaba Vasil Slipak. Era ucraniano, solista de la Ópera Nacional de París. Lo

---

* Sostiene una bala.

mataron en el Donbás cuando defendía Ucrania de la agresión rusa.

La guerra del Donbás ha durado ya casi cinco años. También han pasado cinco años desde que Rusia se anexionara la península ucraniana de Crimea. Pese a las exigencias del derecho internacional y de las centenares de organizaciones dedicadas a defenderlo, es nuestro país el que debe proteger su soberanía y su integridad territorial. Es nuestro país el que empuña las armas y pierde a sus ciudadanos.

Más de trece mil personas han muerto. Treinta mil han sido heridas. Un millón y medio se han visto obligadas a abandonar su casa. Todos los años se exponen aquí estas cifras horrendas, con una sola modificación: cada vez son más elevadas.

Mis objetivos son: el final de la guerra, el retorno de todos los territorios ucranianos ocupados y la instauración de la paz. Pero no a costa de las vidas de los ciudadanos, no a costa de la libertad, no a costa del derecho de Ucrania a escoger su propio camino. Por eso necesitamos el apoyo del mundo.

Entiendo que cada uno de los aquí presentes prioriza las preocupaciones de su país, y los problemas de otros no deberían pesarle más que los propios.

Pero lo que está pasando en mi país ya no es «la guerra de otros».

Ninguno de ustedes puede sentirse seguro si hay una guerra en Ucrania. Si hay una guerra en Europa.

Sería fatal pensar que la situación de nuestro país no les afecta y no les afectará jamás. Si uno observa el mundo desde una perspectiva global, no puede desviar los ojos de tales «detalles». Esa actitud fue la que puso las bases de las dos guerras mundiales. Decenas de millones de vidas humanas fueron el precio de la falta de atención, el silencio, la inacción y la negativa a sacrificar las ambiciones propias por un bien mayor. ¿Es que la humanidad ha empezado a olvidar estas espantosas lecciones que nos da la historia?

Ucrania sí se acuerda de ellas. Ucrania siempre ha mostrado su voluntad de encaminarse a la paz de un modo civilizado y de adoptar medidas para mejorar la seguridad internacional. Piensen en cuando Ucrania cedió su potencial nuclear, que era entonces mayor que el de Reino Unido, Francia y China juntos.*

Porque creíamos estar construyendo un mundo distinto. Uno nuevo. Un mundo en el que no

---

* En el Memorándum de Budapest, en 1994, Ucrania accedió a renunciar a su arsenal nuclear soviético a cambio de garantías de que Rusia, Estados Unidos y Reino Unido respetaran su soberanía.

hacen falta armas nucleares para ser escuchado. Un mundo en el que se obtiene respeto no por la cantidad de misiles que uno guarda, sino por las acciones que lleva a cabo.

Aun así, en este nuevo mundo, nuestro país ha perdido parte de su territorio y está perdiendo ciudadanos casi todos los días. Si Ucrania no tiene derecho a hablar sobre la necesidad de repensar las normas de este mundo, ¿quién lo tiene?

Obviamente, no cuestionamos la autoridad de las instituciones internacionales, en particular la de las Naciones Unidas. Pero debemos reconocer que sus mecanismos no están libres de faltas... Seamos sinceros: ¿están de veras unidas las naciones en la actualidad? Si es así, ¿qué es lo que las une exactamente? Catástrofes y guerras, quizá.

Desde aquí, la más alta tribuna del mundo, oímos llamamientos constantes por un planeta más justo, promesas de justicia y anuncios de nuevas iniciativas. Es hora de asegurarnos de que estén respaldadas por hechos. Porque en el mundo actual, en el que una vida humana vale diez dólares, hace tiempo que las palabras han perdido su valor.

Recuerden cuál era el propósito que impulsó la creación de las Naciones Unidas en 1945: mantener y reforzar la paz y la seguridad internacionales. ¿Cuál es nuestra reacción cuando el fundamento mismo de la seguridad internacional está en juego?

Porque las guerras actuales —ya sean en Ucrania, en Siria, en Libia, en Yemen o en cualquier rincón del planeta— representan una amenaza seria para la civilización en su conjunto, al margen del número de bajas. Estas guerras muestran que en 2019 el *Homo sapiens* todavía resuelve los conflictos matando. Desde que existe, la humanidad no ha dejado de buscar nuevos modos de desplazarse a distancias cada vez mayores, de intercambiar información y curar enfermedades. Solo hay una cosa que ha permanecido inalterable: las disputas entre naciones siguen resolviéndose no con el debate, sino con misiles. No con palabras, sino con la guerra.

No caigan en la tentación de creer que la guerra se encuentra lejos. Los métodos, la tecnología y las armas de los ejércitos han propiciado que el planeta ya no sea tan grande como antes. El tiempo que me ha llevado a mí decir este párrafo sería suficiente para destruir por completo la Tierra.

Esto significa que cada líder no es responsable solo del destino de su país, sino del destino del mundo entero. Debemos darnos cuenta de que un líder poderoso no es aquel que envía a miles de soldados a la muerte sin pestañear. Un líder poderoso es el que protege la vida de todos.

Hagámonos una pregunta. ¿Qué ofrecen a la humanidad las reuniones celebradas en esta sala, si para algunos no son más que teatro político, si esta sala se convierte en un escenario donde declaramos unas buenas intenciones que se anulan después con malas acciones?

En esta tribuna no solo estamos representando una escena de una obra teatral. Los siete mil millones y medio de habitantes del planeta no son meros espectadores, sino partícipes. Los hechos básicos de la vida que llevan se determinan aquí. Es más: si tendrán o no una vida depende de todos los que estamos aquí.

Me gustaría que algún día este discurso se conociera como «los quince minutos que cambiaron el mundo». Soy muy consciente, no obstante, de que es imposible cambiar en quince minutos algo que ha existido durante miles de años. Muchas teorías del comportamiento dicen que la guerra es una parte inherente a la naturaleza humana.

Pero el mundo cambia, y las personas cambian con él. En cuanto especie que descubrió la escritura y la matemática, que inventó la rueda y la penicilina, que conquistó el espacio, a la humanidad todavía le queda una oportunidad. Somos conscientes de los peligros que acechan a la civilización y por ello debemos crear otros modos de vida. Debemos luchar por una nueva mentalidad en la que las agresiones, la ira y el odio queden obsoletas.

Señoras y señores, en este mismo día de 1970 murió Erich Maria Remarque. Hace noventa años se publicó su novela *Sin novedad en el frente*. Acuérdense de las palabras del prefacio: que «intentaría simplemente hablar sobre una generación de hombres que, por mucho que hubieran escapado de los proyectiles, estaban destrozados por la guerra». Aquel mismo año se publicó también *Adiós a las armas*, de Hemingway. Escribió: «La guerra no se gana con la victoria». Lo que quería decir era que incluso quien sale victorioso de una guerra nunca deja realmente de luchar.

El mundo debe recordar que las generaciones destrozadas por la guerra allanan el camino a la siguiente: una nueva guerra que, a su vez, será imposible de ganar solo con la victoria. La gente dice hoy en día que, si hay una Tercera Guerra Mundial, será la última. Espero que esta declaración sea un reconocimiento de los peligros a los que se enfrenta el planeta, no una predicción del futuro.

3

«Lo contrario del amor»

Discurso pronunciado en el
Museo Conmemorativo del Holocausto
de Estados Unidos
Washington D. C., 1 de septiembre de 2021

Hoy hace ochenta y dos años que estalló la Segunda Guerra Mundial, el 1 de septiembre de 1939. Fue el resultado de una atrocidad especialmente humana, o, mejor dicho, de un odio especialmente inhumano.

Se llamaba nazismo. Hace ochenta y dos años intentó esclavizar a la humanidad y dominar el mundo.

El nazismo tiene muchas connotaciones. Muerte. Hambre. Cautiverio. Ciudades bombardeadas. Pueblos quemados. Gente incinerada. *Ostarbeiters*.* Campos de concentración. El Holocausto.

---

* Trabajadores esclavos de la Europa Central y Oriental obligados a trabajar en la Alemania nazi durante la Segunda Guerra Mundial.

Al menos seis millones de judíos fueron víctimas del nazismo en Europa. Un millón y medio —uno de cada cuatro— eran ucranianos. Entre ellos existió una familia cuya historia me gustaría contar.

Es la historia de cuatro hermanos. A tres los asesinaron los invasores alemanes que atacaron Ucrania, como hicieron también con sus padres, mujeres, hijos y todos los demás parientes. El cuarto hermano sobrevivió. Cuando los mataron a todos, él estaba en el frente, combatiendo. Luchó hasta el final de la Segunda Guerra Mundial y contribuyó así a la victoria sobre el nazismo.

Volvió a casa cuatro años después. Al cabo de dos años tuvo un hijo. Al cabo de treinta y dos años, nació su nieto. Y luego, cuarenta años después, el nieto llegó a ser presidente de Ucrania. Está aquí, frente a ustedes.

El nazismo fue derrotado, de forma irrevocable y para siempre, pero cercenó la vida de muchas personas y afectó a casi todas las familias. Si bien hubo muchos que dieron la vida en esa lucha, también en casi todas las familias hubo otros que sobrevivieron a ella.

Pudieron transmitir sus recuerdos a generaciones futuras. Para que podamos decir «Nunca más». Para que evitemos por siempre que vuelva el nazismo.

Por desgracia, todavía existen partidarios de las ideas nazis —de la xenofobia y de la desigualdad—. Se encuentran en muchos países y en formas distintas. Pero la influencia que tienen en la Ucrania contemporánea es menor que cero. En Ucrania, el racismo y la intolerancia no existen en absoluto.

Observen, si no, la respuesta de los ucranianos a la propaganda de quienes los llaman nazis y antisemitas.* Me eligieron presidente.

Ya se han respondido muchas veces preguntas sobre el lugar que ocupa el racismo en Ucrania. De hecho, al menos 2.659 veces. Este es el número de ucranianos que llevan oficialmente el título honorífico de «Justos de las Naciones»:** personas que salvaron a judíos a costa de su propia vida. Ucrania es el cuarto país de la lista. Como presidente, he otorgado pensiones vitalicias a los ciudadanos ucranianos que salvaron a judíos durante el Holocausto. Es lo menos que hoy día puede hacer el Estado para honrar su valentía y su sacrificio.

---

* El Kremlin ha declarado que uno de los objetivos de su «operación militar especial» era «desnazificar» Ucrania.

** Título honorífico empleado por el Estado de Israel para referirse a no judíos que salvaron vidas de víctimas del Holocausto.

En la mentalidad de los ucranianos no hay rastro de antisemitismo ni de nazismo. No hay lugar para esos males en el corazón de la gente que sobrevivió a Babin Yar.

El año pasado, el día de la Conmemoración del Holocausto, inauguramos un espacio en homenaje a las víctimas en el centro de Kíev. Dentro hay fotografías de cuando la ocuparon los nazis. En una foto se ve a un grupo de personas que pasan de largo de dos judíos asesinados.

Es un símbolo terrible pero necesario para las generaciones futuras. Muestra que esos crímenes brutales son posibles si la gente escoge mirar hacia otro lado. Si escoge callar. Pasar de largo. Es una verdad que los ucranianos no hemos olvidado.

Como tampoco hemos olvidado el anuncio breve, frío, cruel, que los ocupantes nazis colgaron en Kíev. «Se ordena que todos los judíos de la ciudad de Kíev y alrededores se reúnan el lunes 29 de septiembre de 1941 antes de las ocho de la mañana en la calle Melnika-Dehtiarivska, al lado del cementerio. Todos deberán llevar consigo documentación, dinero, ropa interior, etcétera».

Dos frases. Unas pocas docenas de palabras. Cientos de miles de asesinados.

Durante los dos días posteriores, los nazis mataron a casi treinta y cuatro mil personas en Babin Yar. Durante los dos años posteriores, según algunas estimaciones, matarían hasta doscientas mil personas allí.

Es nuestro deber honrar la memoria de las víctimas. Pero durante muchos años no existió tal conmemoración. En la época soviética se construyeron un polideportivo y un campo de tiro en el lugar de la masacre. A partir de 1991, más que conmemorado, Babin Yar fue arrasado por las palas mecánicas. En estos dos últimos años nos hemos dedicado a cambiar esa práctica. A finales de 2020 firmé el decreto «Sobre las medidas para el desarrollo futuro de la Reserva Conmemorativa e Histórica Nacional de Babin Yar». Ayuda a corregir el error histórico de no haber honrado a las víctimas de Babin Yar.

Me he planteado cuál es la edad apropiada para llevar a tu hijo allí. ¿Ahora puede ser demasiado pronto? Y entonces me he acordado de la historia de una niña de ocho años que sobrevivió a Auschwitz. Habló sobre los trabajos forzados que debían hacer en el taller donde se cribaban las bombas y los proyectiles nazis. Las cajas que se identificaban como defectuosas se marcaban con una cruz blanca. La niña borraba las marcas de algunas cajas. De haberse enterado alguien, le habrían pegado un tiro allí mismo. Pero lo hizo de todas formas. Y así, algunas bombas que los nazis arrojaron en ciudades y pueblos no estallaron.

¿Cuántas vidas salvó? No lo sabemos. Pero su historia nos enseña que nunca es «demasiado pronto» para explicar a los niños qué es el Holocausto, qué es el nazismo, y por qué no debe volver a ocurrir jamás.

En menos de un mes, el 29 de septiembre, celebraremos el octogésimo aniversario del inicio de los fusilamientos en masa de Babin Yar. Honraremos la memoria de las víctimas durante una semana, hasta el 6 de octubre. Me gustaría invitarles a ir a Ucrania y a Kíev, a ustedes, a sus nietos y a sus bisnietos, para que podamos rezar juntos por las almas de todos los que murieron en aquel lugar y en el Holocausto en general.

Y lo hacemos con profundo respeto por la memoria de las generaciones pasadas y con inquebrantable fe en la paz para aquellos que vendrán.

Porque los ucranianos honrarán siempre la memoria de las víctimas de la Shoá. Entendemos con el corazón esta tragedia porque nosotros también experimentamos una gran tragedia: el genocidio del hambre.* No es algo a lo que pueda darse la espalda.

* Se refiere al Holodomor o Gran Hambruna de 1932-1933. El hambre, inducida por la política estalinista de la colectivización, mató a millones de campesinos ucranianos en lo que para muchos historiadores fue un genocidio.

Del mismo modo, no puede darse la espalda a la tragedia que estamos experimentando ahora: la guerra en el Donbás, en la que están muriendo ciudadanos ucranianos. Ucranianos cristianos ortodoxos, judíos, católicos, musulmanes y de muchas otras confesiones.

Ahora, las ciudades del este de Ucrania que fueron liberadas de los nazis hace ochenta años tienen dos ocupaciones que conmemorar.

Ahora, los hijos y los nietos cuentan a sus abuelos historias de la guerra, y no al revés.

Ahora, Ucrania se encuentra en estado de guerra. No pueden ustedes olvidarlo. No deben olvidarlo.

No deben pensar que esto solo afecta a Ucrania y a Rusia... Porque el nazismo empieza con la violación del derecho internacional, con la violación de los derechos humanos, con asesinatos y encarcelamientos. Elie Wiesel, premio Nobel y superviviente de Auschwitz y Buchenwald, dijo: «Lo contrario del amor no es el odio. Es la indiferencia».

No permanezcan ustedes indiferentes ante la guerra que tiene lugar en el Donbás, ni ante la ocupación de Crimea. No permanezcan indiferentes ante Ucrania.

4

«Invencibles»

Discurso pronunciado el día
de la Dignidad y la Libertad
Kíev, 21 de noviembre de 2021

Somos un pueblo libre, somos libres para crear nuestro futuro. Deberíamos estar orgullosos de ello. Porque hemos pagado, y seguimos pagando, un precio muy alto por la libertad.

Nunca olvidaremos a los que han dado su vida por Ucrania. Nunca perdonaremos a los que se llevaron esas vidas y quisieron privarnos de libertad. Y nunca dejaremos de sentir orgullo ante el hecho de que no lo consiguieran, de que nunca lo conseguirán.

Porque ha llegado el momento de cambiar el modo en que nos vemos a nosotros mismos. Los ucranianos no somos víctimas; no estamos oprimidos, ni divididos, ni cautivos. Somos hermosos, fuertes, valientes, inteligentes, talentosos. Somos invencibles.

Y somos invencibles porque tenemos dignidad. Los ucranianos comprendemos una verdad muy simple: que una vida sin libertad no es una vida en absoluto. Sabemos que perder la libertad sería perder el honor. Perder el honor sería perder el corazón. Perder el corazón sería perder el alma. Y perder el alma sería perder la vida.

Por eso luchamos por la libertad, incluso a costa de nuestra vida. Porque luchamos por nuestra vida.

Dignidad y libertad. Para los ucranianos, hace mucho que estas palabras tienen un significado profundo. Nunca olvidaré la historia que contaron unos marineros ucranianos cuando regresaron a casa tras haber estado prisioneros. Fueron cautivos, pero siguieron siendo libres de espíritu. Hacían bromas en una voz tan alta que los carceleros les mandaban callar. Era un lugar donde la gente gritaba, pero ellos no dejaban de reír.

Cuando los metieron en un camión y los llevaron a otra parte del país, se sentaron y cantaron el himno nacional… Esos ucranianos no se comportaron como cautivos porque no perdieron su dignidad. Demostraron que en tierra extranjera, incluso en la cárcel, uno puede seguir siendo libre.

Porque la libertad no es ir sin grilletes en las manos. La libertad es ir sin grilletes en la mente.

Recordemos a Vasil Stus.* Después de que las autoridades soviéticas ordenaran una ola de arrestos de jóvenes de profesiones creativas por toda Ucrania, Stus se levantó en el estreno de la película *La sombra de nuestros antepasados olvidados*, de Serguéi Paradzhánov, y dijo: «Quien se oponga a las detenciones, que se levante». Unos pocos se levantaron. Luego unos pocos más. Y luego muchos más.

¿Por qué llevó a cabo Stus semejante protesta? Sabía que con ello podía perder su libertad. Pero sabía también que, si no lo hacía, era seguro que perdería su dignidad.

O recordemos a Omelián Kovch, el sacerdote que rescató a judíos durante el Holocausto dándoles certificados de bautismo que los declaraban cristianos. Por ese motivo lo enviaron al campo de concentración de Majdanek. Perdió la libertad para siempre, pero jamás perdió la dignidad.

En una carta a su familia se disculpó por haber escogido quedarse allí después de que le ofrecieran la liberación anticipada. «Estas personas me necesitan —escribió—. Creen que morirán pronto, y vienen a mí para confesarse. Si me marcho, se quedarán sin esperanza. Ya les han quitado la dignidad, el honor, la libertad; la casa, la familia, los

---

* Poeta y disidente ucraniano (1938-1985).

nombres; pronto les quitarán la vida. No voy a llevarme su esperanza».

O recordemos a Leonid Bíkov.* No abandonó sus principios ni su libertad creativa. Quería filmar su obra maestra, *Al combate van solo los «viejos»*, en color, pero las autoridades solo le permitieron usar película en blanco y negro. ¿Aquello le hirió la dignidad? Quizá. Pero ¿la perdió? No. E hizo una película en blanco y negro que adoran millones de personas, una película sobre personas dignas y libres.

Como aquellas que estuvieron en el maidán en los levantamientos de 1990, 2004 y 2014. Como aquellas que resisten en las trincheras del frente en Ucrania oriental para defender el Estado.

Todas ellas son distintas. Todas luchan llevando la cruz, la media luna, la estrella de David. Chicos de Ucrania occidental y del sureste. Rusohablantes de Járkiv y Kriví Rih, y hablantes del ucraniano de Ternópil e Ivano-Frankivsk. Personas de Cherkasi, Vínnitsia, Mikoláiv; de Kíev, del Donbás, de Luhansk, de Crimea.

Todos distintos. Todos ucranianos. Todos nuestros héroes. Saben que nunca debe abandonarse la lucha por la dignidad. Pero los ucranianos no estamos acostumbrados a abandonar la lucha. Por eso mantenemos nuestra libertad.

* Actor y director de cine ucraniano soviético (1928-1979).

SEGUNDA PARTE
Nuestra lucha

«Somos fuertes.
Estamos dispuestos a todo.
Los venceremos a todos.
Porque somos Ucrania».

A las cuatro y media de la madrugada del 24 de febrero de 2022, el ejército ruso entró en Ucrania. A lo largo del año anterior, Vladímir Putin había concentrado a unos cien mil soldados en la frontera y exigido que el país renunciara a su soberanía y que dejara de dar pasos para acercarse a Occidente. Mucha gente supuso que el ejército ucraniano se rendiría, superado enormemente por el ruso, y que el régimen de Kíev se derrumbaría. Pero la guerra no se desarrolló como esperaba Putin. Ucrania se defendió durante días y semanas. También lo hizo Zelenski. Lejos de abandonar el país, se quedó en la capital y asumió un nuevo papel: pronunciar cada día discursos que reflejaran la resiliencia y la fortaleza del pueblo ucraniano.

5

«Lecciones de la historia»

Discurso pronunciado en la Conferencia
de Seguridad de Múnich
19 de febrero de 2022

Hace dos días estaba en el Donbás, en la línea de demarcación.

En teoría, esta línea marca la división entre Ucrania y los territorios temporalmente ocupados. En la práctica, marca la división entre la guerra y la paz. A un lado hay una guardería; al otro, el cráter de una bomba. A un lado hay un colegio; al otro, un patio destruido por un misil.

Y en el colegio del lado ocupado hay treinta niños que siguen acudiendo allí a aprender.

Algunos tienen clase de Física. Incluso ellos, que conocen las leyes fundamentales de la física, entienden que es absurdo que alguien diga que ha sido Ucrania quien ha disparado los proyectiles.

Otros tienen clase de Matemáticas. Incluso sin emplear una calculadora pueden saber la diferencia que hay entre el número de veces que los han atacado en estos tres días y el número de veces que se ha mencionado a Ucrania en el Informe de Seguridad de Múnich de este año.*

Y los hay que tienen clase de Historia. Y cuando el cráter de una bomba aparece en el recinto del colegio, preguntan: ¿ha olvidado el mundo los errores del siglo xx?

¿Adónde conducen los intentos de pacificación?, preguntan. Recuerdan cómo el eslogan francés antibelicista de «¿Por qué morir por Dánzig?» desembocó en la necesidad de morir por Dunquerque y por docenas de ciudades europeas y de todo el mundo. Recuerdan cómo las políticas de apaciguamiento costaron decenas de millones de vidas.

Estas son las lecciones de la historia. Todos hemos leído los mismos libros. Y seguramente todos entendamos que nos encontramos ante cuestiones muy graves.

¿Qué ha pasado para que, en el siglo xxi, Europa vuelva a estar en guerra y la gente muera?

¿Cómo puede ser que este conflicto esté durando más que la Segunda Guerra Mundial?

¿Cómo hemos llegado a la crisis de seguridad más importante desde la Guerra Fría?

---

* El informe de 2022 dedicó uno de sus siete capítulos a la seguridad en Europa del Este.

Como presidente de un país que ha perdido parte de su territorio y a miles de personas, y en cuyas fronteras hay ahora ciento cincuenta mil soldados rusos, así como pertrechos y armamento pesado, la respuesta para mí es obvia.

La arquitectura de la seguridad mundial es frágil y es necesario actualizarla. Las normas que el mundo pactó hace décadas ya no sirven. No están al día respecto de las nuevas amenazas, y no son eficaces para superarlas. Te dan un jarabe para la tos cuando lo que necesitas es una vacuna contra la COVID.

El sistema de seguridad es frágil. Se derrumba y se vuelve a derrumbar. Ocurre por múltiples motivos: el egoísmo, la arrogancia, la irresponsabilidad de los estados a nivel global. Y el resultado son crímenes por parte de unos e indiferencia por parte de otros. Indiferencia que lleva a la complicidad.

Resulta simbólico que esté hablando de esto en la Conferencia de Seguridad de Múnich. Fue aquí, hace quince años, donde Rusia anunció su intención de desafiar el orden mundial de seguridad.

¿Cuál fue la reacción del mundo? Apaciguamiento.

¿Cuál fue el resultado? La anexión de Crimea y la agresión a mi Estado.

Las Naciones Unidas, que se supone que deben defender la paz y la seguridad mundial, no logran defenderse a sí mismas. Cuando se violan sus estatutos. Cuando un miembro del Consejo de Seguridad se anexiona el territorio de un miembro fundador de la organización. Y cuando las propias Naciones Unidas desoyen a la Plataforma de Crimea,* cuyos objetivos son acabar con la ocupación en términos pacíficos y proteger los derechos de los crimeos.

Hace tres años, en este mismo lugar, Angela Merkel declaró: «¿Quién recogerá los escombros del orden mundial? Nadie más que nosotros, juntos». Los presentes se levantaron para ovacionarla. Pero el aplauso colectivo no desembocó en acción colectiva. Y ahora, cuando el mundo habla de la amenaza de una gran guerra, surge la pregunta: ¿queda algo por recoger? En Europa y en el mundo, la arquitectura de la seguridad está casi en ruinas.

Es demasiado tarde para pensar en reparaciones. Es hora de construir un sistema nuevo.

No es la primera vez que la humanidad se encuentra en la misma situación, y ya pagó un precio altísimo: dos guerras mundiales. Ahora tenemos la ocasión de revertir esa tendencia antes de que se convierta en un patrón constante. Eso se traduce en construir un sistema distinto, antes de que haya

---

* Iniciativa diplomática ucraniana que trata de revertir la anexión de Crimea por parte de Rusia.

millones de víctimas. En vista de las lecciones que nos dieron la Primera y la Segunda Guerra Mundial, Dios no quiera que vivamos una tercera.

Tanto aquí como en la tribuna de las Naciones Unidas he hablado de por qué en el siglo XXI no existe la noción de guerra «extranjera». Esto significa que todos debemos tomarnos en serio la situación ucraniana. Significa darse cuenta de que la anexión de Crimea y la guerra del Donbás afectan a todos los habitantes del planeta. Y significa reconocer que la guerra no solo tiene lugar en Ucrania, sino en Europa.

Ya dije lo mismo en las cumbres y en los foros de 2019, 2020 y 2021. ¿Será capaz el mundo de escucharme en 2022?

El planeta está despertando ante esta amenaza, pero aún no está despabilado del todo. Necesitamos más acciones, no solo tuits y titulares. Y el mundo entero lo necesita en la misma medida que Ucrania.

Defenderemos nuestra tierra con el apoyo de nuestros aliados o sin él. Toda ayuda es bienvenida, ya sean centenares de armas modernas o cinco mil cascos. Pero hay que entender que no se tratará de contribuciones caritativas que Ucrania mendigue, ni tampoco de gestos nobles que deba agradecer con una genuflexión. Son la contribución que aportan ustedes a la seguridad de Europa y del mundo.

Un mundo del que Ucrania ha sido su escudo seguro y leal durante ocho años. Un mundo en el que desde hace casi diez años hemos estado repeliendo a uno de los mayores ejércitos del mundo.

En la actualidad, ese ejército está en nuestras fronteras, no en las fronteras de la Unión Europea. Los cohetes Grad caen en Mariúpol, no en ciudades europeas. Tras casi seis meses de combate, fue el aeropuerto de Donetsk el que quedó destrozado, no el de Frankfurt. Y, en los últimos días, donde se ha recrudecido la acción ha sido en la zona industrial de Avdíivka, no en Montmartre.

No hay país de la Unión Europea que sepa lo que supone celebrar honores fúnebres todos los días en todas las regiones. Y ningún líder europeo sabe lo que supone reunirse a menudo con las familias de los fallecidos.

A pesar de todo, defenderemos nuestra hermosa tierra, aunque haya cincuenta mil, ciento cincuenta mil o un millón de soldados en la frontera. Para ayudar de verdad a Ucrania no hay que obsesionarse con cuánta dotación rusa ni con cuánto equipo militar hay en la frontera. Es mejor centrarse en cuántos somos nosotros.

Defenderemos nuestra tierra, ya nos invadan el 16 de febrero, el 1 de marzo o el 31 de diciembre. Para ayudar de verdad a Ucrania, no resulta útil limitarse a hablar del calendario de la probable invasión. Nos hacen mucha más falta otros calendarios, y todos los presentes en esta sala saben perfectamente a cuáles me refiero.

Mañana, en Ucrania, es el día de los Héroes de la Centuria Celestial.* Hace ocho años, mis compatriotas tomaron una decisión; muchos dieron su vida por ella. Ocho años después, ¿por qué tenemos que estar pidiendo a la UE que reconozca los pasos que el país ha dado para convertirse en Estado miembro?

Desde 2014, Rusia ha intentado convencernos de que hemos tomado el camino equivocado, de que no llegará ninguna ayuda europea. ¿Por qué Europa no le demuestra que se equivoca? ¿Por qué la UE no dice hoy que sus ciudadanos están a favor de la adhesión de Ucrania? ¿Acaso no merecemos respuestas directas y sinceras? Lo mismo se aplica a la OTAN. La puerta está abierta, nos dicen. Pero hasta el momento la entrada les está prohibida a algunos.

Si no todos los miembros de la Unión quieren reconocernos, que sean sinceros. Las puertas abiertas están bien. Pero hoy, más que ninguna otra cosa, necesitamos respuestas abiertas.

* Día nacional ucraniano que conmemora a unas cien personas que murieron en la revolución democrática de 2014.

6

«¿Quieren la guerra los rusos?»

Discurso dirigido a los pueblos
ucraniano y ruso
Kíev, 24 de febrero de 2022, 12.30 h

Ucranianos, voy a hablar con brevedad y sinceridad. Hoy hemos fortalecido la capacidad defensiva y de resiliencia del Estado. Para respaldar a los soldados que están protegiéndonos, hemos decretado el estado de emergencia durante treinta días en toda Ucrania. Trescientos treinta y cinco diputados del Parlamento han aprobado esta decisión. Una gran coalición defensiva se ha puesto en marcha.

El Parlamento ha adoptado también un conjunto de medidas para financiar el sector de la defensa. Los diputados viajarán mañana a sus respectivas regiones para apoyar a nuestro pueblo. Nuestros aliados internacionales se han movilizado para ayudarnos... Y también me he reunido con los representantes de las mayores empresas nacionales.

Todos se quedan en Ucrania, así como sus equipos, y trabajan para protegerla. Gracias a todos los que estáis ayudando a Ucrania. Vamos a seguir trabajando.

Y ahora, en ruso.* Hoy he intentado hablar con el presidente de la federación rusa. No he encontrado más que silencio. En un mundo justo, el silencio debería estar en el Donbás.

Así que hoy quiero apelar a los ciudadanos de Rusia no como presidente, sino como ciudadano de Ucrania.

Nos separan más de dos mil kilómetros de frontera común. Hoy, a lo largo de esa frontera se encuentran vuestras fuerzas: casi doscientos mil soldados y miles de vehículos militares. Vuestros líderes han aprobado que entren en el territorio de otro país. Esa entrada podría ser el inicio de una gran guerra en el continente europeo.

Hoy, el mundo entero está hablando sobre qué será lo siguiente que suceda. La menor provocación, cualquier provocación, podría reducirlo todo a cenizas. Os dicen que las llamas llevarán la libertad al pueblo de Ucrania. Pero el pueblo de Ucrania ya es libre. Recordamos el pasado y construimos el futuro, nosotros, por nosotros mismos. Lo construimos, y no lo destruimos, pese a todo lo que os dicen cada día por televisión.

* A partir de aquí, Zelenski habla en ruso.

La Ucrania de vuestros noticiarios y la Ucrania de la vida real son dos países totalmente distintos. Y la principal diferencia entre ellas es que la nuestra existe.

Os dicen que somos nazis. ¿Cómo puede apoyar el nazismo un país que dio más de ocho millones de vidas en la lucha contra este? ¿Cómo voy a ser yo un nazi? Decídselo a mi abuelo. Pasó toda la guerra combatiendo en la infantería del ejército soviético y murió siendo coronel en una Ucrania independiente.

Os dicen que odiamos la cultura rusa. ¿Cómo se puede odiar una cultura? Los vecinos siempre se enriquecen culturalmente entre sí. Pero eso no hace que seamos una misma entidad, no nos disuelve en vosotros. Somos distintos. Pero eso no es motivo para ser enemigos. Solamente queremos crear nuestra historia por nuestra cuenta, en paz, con tranquilidad, con honestidad.

Os dicen que voy a ordenar un ataque en el Donbás, que se dispare y se bombardee indiscriminadamente. Pero eso suscita algunas preguntas muy simples. ¿Disparar a quién? ¿Bombardear qué? ¿Donetsk, una ciudad en la que he estado docenas de veces y donde he mirado a la gente a los ojos? ¿La calle Artiom, por la que he paseado con mis amigos? ¿El Donbás Arena, donde animé al equipo ucraniano en la Eurocopa de 2012 con la gente de allí? ¿El parque de Scherbakov, donde tomamos algo juntos cuando perdieron los nuestros? ¿Luhansk, donde vive la mejor amiga de mi madre? ¿El lugar donde está enterrado el mejor amigo de mi padre?

Estoy diciendo estas palabras en ruso. Pero fijaos en que nadie en Rusia sabe de qué estoy hablando. Esos sitios, esas calles, esos nombres, esos acontecimientos os son todos ajenos.

Luchamos porque esta es nuestra tierra. Es nuestra historia. ¿Por qué lucharéis vosotros?

Muchos habéis estado en Ucrania. Muchos tenéis parientes en Ucrania. Algunos habéis estudiado en universidades ucranianas y sois amigos de ucranianos.

Conocéis nuestro carácter. Conocéis a nuestra gente. Conocéis nuestros principios. Sabéis qué valoramos. Así que, por favor, escuchaos a vosotros mismos. Escuchad la voz de la razón, del sentido común.

Escuchadnos. El pueblo de Ucrania quiere la paz. Las autoridades ucranianas quieren la paz. La queremos y haremos todo lo que podamos para cimentarla.

No estamos solos. Muchos países apoyan a Ucrania. ¿Por qué? Porque no hablamos de paz a cualquier precio. Hablamos de paz y de principios. Hablamos de justicia y de leyes internacionales. Del derecho a la autodeterminación, el derecho a decidir nuestro futuro, el derecho a la seguridad, el derecho a vivir sin estar bajo amenaza.

Todos ellos son importantes para nosotros. Son importantes para el resto del mundo. Y tengo por seguro que son importantes también para vosotros.

Sabemos una cosa por encima de las demás. No necesitamos la guerra; ni la fría, ni la caliente, ni la templada. Pero si nos atacan, si quieren despojarnos de nuestro país, de nuestra libertad, de nuestras vidas, de las vidas de nuestros hijos, nos defenderemos. Y cuando nos ataquéis, nos veréis la cara, no la espalda.

La guerra es una calamidad que sale muy cara. La gente pierde el dinero, la reputación, la calidad de vida. Pierde la libertad. Pero lo más importante que pierde es a sus seres queridos, y se pierde a sí misma. Falta todo lo bueno y abundan el dolor, la suciedad, la sangre y la muerte. Hay miles, decenas de miles de muertos.

Decís que Ucrania podría ser una amenaza contra Rusia. No fue así en el pasado, no es así ahora y no será así en el futuro. Exigís garantías de seguridad a la OTAN. Y nosotros exigimos garantías para la seguridad de Ucrania: garantías que vengan de vuestra parte, de Rusia y del resto de garantes del Memorándum de Budapest.

En la actualidad no estamos integrados en ninguna alianza defensiva. No obstante, la seguridad de Ucrania está relacionada con la seguridad de nuestros vecinos. Por eso es necesario hablar de la seguridad de toda Europa.

Pero nuestro objetivo principal es la paz en Ucrania y la seguridad de los ucranianos. Para lograrlo estamos dispuestos a dialogar con quien sea, incluidos vosotros, en cualquier forma y en cualquier foro.

La guerra priva a todo el mundo de «garantías». A fin de cuentas, la seguridad ya no está garantizada para nadie.

¿Quién sufrirá más por esto? La gente.

¿Quién no quiere la guerra en absoluto? La gente.

¿Quién puede evitarla? La gente.

¿Tenéis a este tipo de gente entre vosotros? Estoy seguro de que sí. Personajes públicos, periodistas, músicos, actores, atletas, científicos, doctores, blogueros, monologuistas, *influencers* de redes sociales y muchos más. Hombres, mujeres, ancianos, niños, padres y, sobre todo, madres.

Exactamente igual que la gente de Ucrania. Exactamente igual que las autoridades ucranianas, por mucho que intenten convenceros de lo contrario.

Sé que no emitirán este llamamiento en la televisión rusa. Pero los ciudadanos rusos tienen que verlo. Tienen que saber la verdad. Y la verdad es que esta situación debe terminar antes de que sea demasiado tarde.

Si los líderes rusos no quieren sentarse a una mesa con nosotros para buscar la paz, tal vez sí se sentarán con vosotros.

¿Quieren la guerra los rusos? Me gustaría ser capaz de contestar a esta pregunta. Pero la respuesta depende solo de vosotros, ciudadanos de la federación rusa.

7

«Somos Ucrania»

Discurso dirigido al pueblo ucraniano
Kíev, 24 de febrero de 2022, 6.00 h

Queridos ciudadanos ucranianos:

Esta mañana, el presidente Putin ha anunciado una operación militar especial en el Donbás. Rusia ha llevado a cabo ataques a nuestra infraestructura militar y a las divisiones de la Guardia Fronteriza. En muchas ciudades se han oído explosiones. Hemos decretado la ley marcial en todo el país.

Acabo de hablar por teléfono con el presidente Biden. Los Estados Unidos de América han empezado ya a recabar apoyos internacionales para nuestra causa.

Hoy necesitamos que todos vosotros conservéis la calma. Si podéis, por favor, quedaos en casa.

Estamos todos trabajando para proteger el país. El ejército está trabajando. Todo el sector de seguridad y defensa está trabajando.

Estaré en contacto constante con vosotros. También lo estarán el Consejo de Seguridad y Defensa Nacionales de Ucrania y el Consejo de Ministros de Ucrania.

Dentro de poco volveré a dirigirme a vosotros. No tengáis miedo. Somos fuertes. Estamos dispuestos a todo. Los venceremos a todos. Porque somos Ucrania.

Gloria a Ucrania.

8

«Una guerra contra Europa»

Discurso dirigido a los pueblos de Europa
Kíev, 25 de febrero de 2022

Ayer, el canciller alemán, Olaf Scholz, dijo que la invasión de Ucrania por parte de Rusia es algo que Europa no había presenciado en setenta y cinco años. Y es verdad. Pero no es toda la verdad.

La cuestión no es simplemente que Rusia haya invadido Ucrania. La cuestión es que es el inicio de una guerra contra Europa. Una guerra contra la unidad de Europa, contra los derechos humanos fundamentales en Europa, contra la coexistencia pacífica de los países de Europa y contra la negativa de los estados europeos a emplear la fuerza para resolver los conflictos fronterizos.

Es el segundo día en que bombardean ciudades ucranianas. Europa ya ha visto antes columnas de tanques y ataques aéreos, durante la Segunda Guerra Mundial. Una vez dijimos: «Nunca más». Pero aquí estamos, otra vez, en 2022, más de setenta y cinco años después de que finalizara esa contienda.

Sé que Europa es capaz de verlo. Pero lo que no vemos nosotros, al menos no del todo, es lo que haréis al respecto. ¿Cómo vais a protegeros cuando habéis sido tan lentos a la hora de proteger Ucrania?

Estamos agradecidos por lo que se ha hecho hasta ahora. Estados Unidos, Canadá, Reino Unido, la Unión Europea, Australia y Nueva Zelanda han establecido sanciones sectoriales contra Rusia, es decir, contra los bancos y las mayores empresas de Rusia y contra el acceso de Rusia a las tecnologías occidentales.

Sin embargo, los tanques rusos siguen disparando contra edificios de viviendas en nuestras ciudades. Los vehículos blindados siguen atacando a los civiles. Europa tiene fuerza de sobra para detener esta agresión. ¿Qué más va a hacer?

¿Vais a suspender los visados de rusos? ¿A expulsar a Rusia del SWIFT?* ¿Qué os parece retirar a vuestros embajadores? ¿Pactar un embargo de petróleo? ¿Imponer una zona de exclusión aérea? Todo esto debería estar sobre la mesa. Porque Rusia es una amenaza para todos nosotros, para toda Europa.

Aún estáis a tiempo de detener el ataque. Pero tenéis que actuar de inmediato.

* El sistema internacional de pagos empleado en la mayoría de los bancos de todo el mundo.

Las personas de a pie de todos los países pueden colaborar también. Salid a las plazas de vuestras ciudades y pedid la paz para Ucrania, pedid la paz para Europa. Es nuestro derecho, y también el vuestro.

Cuando caen bombas en Kíev, caen en Europa. Cuando los misiles matan a ucranianos, matan a europeos. Más protección para Ucrania significa más protección para Europa y también más protección para el mundo democrático.

Los estados europeos no tienen ninguna prisa por tomar decisiones contundentes. Pero los ciudadanos europeos que viven en las capitales pueden colaborar. Id a la embajada ucraniana y ofreced vuestra ayuda. Exigid que vuestro gobierno brinde más ayuda económica y militar a Ucrania. Así no solo nos ayudáis a nosotros, sino que también os ayudáis a vosotros. Así Europa se ayuda a sí misma.

Si eres europeo, tienes experiencia en la lucha armada y no quieres quedarte sentado inútilmente ante la indecisión de los políticos, ven a Ucrania, ven a proteger Europa. Tu ayuda se necesita con urgencia.

Europeos, ya os han chantajeado con el gas natural. Ya os han humillado. Rusia quiere jugar al divide y vencerás con Europa, igual que está intentando dividir y gobernar Ucrania.

Protegeos. Igual que nos protegemos nosotros.

TERCERA PARTE
Nuestra voz

«*Ahora no basta con ser el líder de la nación. Ahora hay que ser el líder del mundo*».

Con este discurso pronunciado ante el Parlamento del Reino Unido el 8 de marzo de 2022, Volodímir Zelenski abrió un nuevo frente en la guerra de Ucrania contra Rusia: una guerra de la comunicación. Durante seis meses, el presidente pronunciaría unos cien discursos por todo el mundo. Si bien el contenido de cada uno fue distinto, el mensaje era siempre el mismo. En todas partes, desde el Congreso de Estados Unidos hasta la Knéset israelí, recalcó la necesidad de que el mundo ofreciera ayuda militar a Ucrania e impusiera sanciones a Rusia, de que apoyara la democracia y defendiera la libertad. A lo largo de todo este camino, Zelenski daría voz al pueblo ucraniano en el escenario mundial.

9

«Ucrania no buscaba la grandeza. Pero Ucrania es ahora grande»

Discurso pronunciado en el Parlamento
del Reino Unido
Londres (vía vídeo), 8 de marzo de 2022

Hoy me dirijo a los ciudadanos del Reino Unido. Sois un gran pueblo y tenéis una gran historia. Os hablo como ciudadano —y como presidente— de otro gran país, un gran país que tiene un sueño.

Quiero contaros los últimos trece días de la guerra. Es una guerra que nosotros ni empezamos ni deseábamos, pero que estamos librando. Porque no queremos perder lo que es nuestro: Ucrania. Igual que vosotros no quisisteis perder lo que era vuestro cuando trataron de invadiros los nazis y tuvisteis que luchar por Gran Bretaña.

El primer día nos dispararon misiles de crucero a las cuatro de la madrugada. Todos nos despertamos, todos y cada uno de los ucranianos, niños y adultos. Desde entonces no hemos dormido.

Tomamos las armas y nos convertimos en un gran ejército.

El segundo día nos defendimos de ataques aéreos, terrestres y marítimos. Nuestros heroicos guardas fronterizos de la isla Zmiini, situada en el mar Negro, mostraron a todo el mundo cómo terminaría la guerra. Cuando un buque ruso exigió que los nuestros depusieran las armas, estos le contestaron con…, bueno, una respuesta tan rotunda que no la repetiré en el Parlamento.* En aquel momento nos sentimos fuertes. Era la fuerza de un pueblo que resistirá contra el invasor hasta el final.

El tercer día, las tropas rusas, sin vergüenza alguna, dispararon contra civiles y edificios de viviendas con artillería y bombas desde el aire. Por fin se mostró al mundo quién es quién: quiénes son una gran nación y quiénes son unos animales.

El cuarto día empezamos a tomar prisioneros. Pero no perdimos la dignidad. No los maltratamos. Los respetamos como personas. Porque, en el cuarto día de esta guerra vergonzosa, conservamos la humanidad.

El quinto día, los intentos de sembrar el terror resultaron evidentes. Lo sembraron en ciudades,

---

* Cuando los conminaron a rendirse, los soldados ucranianos de la isla Zmiini dijeron: «Buque de guerra ruso, que te den por culo».

en pueblos; llovían bombas y más bombas en casas, colegios, hospitales. Esta guerra es un acto genocida. Pero es un acto que no nos ha roto. Nos ha movilizado y nos ha enseñado una gran verdad sobre el mundo.

El sexto día cayeron misiles rusos en Babin Yar. En la Segunda Guerra Mundial, los nazis asesinaron allí a más de cien mil personas. Ochenta años después, Rusia mancilló la memoria de aquellas personas al atacarlas por segunda vez.

El séptimo día vimos cómo las fuerzas rusas llegaban incluso a destruir iglesias. No entienden lo sagrado ni la grandeza como lo hacemos nosotros.

El octavo día, el mundo presenció cómo tanques rusos disparaban contra una planta de energía nuclear, la más grande de Europa. Fue entonces cuando el planeta comenzó a comprender que este es un acto de terror contra todos nosotros; de un enorme terror, de hecho.

El noveno día, la reunión de la Asamblea Parlamentaria de la OTAN finalizó sin el resultado que buscábamos y sin mostrar valentía. Sentimos que las alianzas no servían de nada; ni siquiera han podido decretar una zona de exclusión aérea. Este es el motivo por el cual las garantías de seguridad europeas deben reconstruirse desde cero.

El décimo día, ciudadanos ucranianos desarmados protestaron en todas las ciudades ocupadas.

Cortaron el paso a vehículos blindados sin llevar nada en las manos. Nos volvimos invencibles.

El undécimo día se lanzaron cohetes contra niños, ciudades y hospitales. Hubo que desalojar a los niños ingresados en un pabellón de pacientes con cáncer. Fue entonces cuando nos dimos cuenta de que todos los ucranianos se habían convertido en héroes. Cientos de miles, niños y adultos, ciudades enteras: todos son fuertes.

El duodécimo día, cuando las bajas del ejército invasor superaban los diez mil, un general ruso también cayó. Eso nos dio confianza. Se exigirán responsabilidades por cada crimen y por cada orden ignominiosa, ya sea frente al Tribunal Penal Internacional o por medio de las armas ucranianas.

El decimotercer día, un niño murió deshidratado en Mariúpol, ocupada por los rusos. Las fuerzas invasoras no permiten que la comida ni el agua lleguen a la gente. Han interceptado las provisiones, y la ciudad ha empezado a entrar en pánico. Que todo el mundo oiga la verdad: en Ucrania hay gente que no tiene acceso al agua.

En estos trece días han muerto cincuenta niños. Nos han arrebatado cincuenta vidas que podrían haberse vivido con plenitud.

No buscábamos esta guerra. Ucrania no buscaba la grandeza. Pero Ucrania, tras estos trece días, es ahora grande.

Ucrania: un país que está salvando vidas a pesar del terror perpetrado por los invasores. Un país que está defendiendo la libertad a pesar de los golpes de uno de los mayores ejércitos del mundo. Y un país que se defiende a pesar de que el cielo sigue estando abierto para los misiles, los aviones y los helicópteros rusos.

Pensemos en una frase célebre: «¿Ser o no ser?». Hace trece días podríamos habérnoslo preguntado. Pero ahora ya no. Nuestra respuesta es, definitivamente, «ser», y ser libres.

Quiero recordar unas palabras que el Reino Unido ya ha oído antes, puesto que vuelven a ser importantes: «Continuaremos hasta el final. [...] Lucharemos en los mares y en los océanos. Lucharemos por aire cada vez con más confianza y más fortaleza. Defenderemos nuestra isla a costa de lo que sea.

»Lucharemos en las playas, lucharemos en las pistas de aterrizaje, lucharemos en los campos y en las calles, lucharemos en los montes».

Y yo quiero añadir: lucharemos en las escombreras, en la ribera del Kalmius y del Dniéper.

Nunca nos rendiremos.

Os agradecemos la ayuda prestada, y le estoy agradecido a usted, Boris Johnson, mi amigo. Por favor, aumente la presión de las sanciones impuestas a Rusia. Por favor, reconozca a ese país como estado terrorista. Por favor, tome medidas para que el cielo ucraniano sea seguro.

Por favor, haga lo que la grandeza de su país le llama a hacer.

10

«El líder en la paz»

Discurso pronunciado ante
el Congreso de Estados Unidos
Washington D. C. (vía vídeo),
16 de marzo de 2022

Rusia ha atacado algo más que nuestra tierra y nuestras ciudades. Ha iniciado una ofensiva brutal contra nuestros valores.

Lanzó tanques y aviones contra el derecho a la vida. Contra nuestro derecho a la libertad y a escoger nuestro futuro. Y contra nuestra búsqueda de la felicidad. Rusia está librando una guerra contra nuestros sueños nacionales, sueños que son como los de ustedes.

Me viene a la mente el monumento nacional Monte Rushmore, esculpido con las caras de los más grandes presidentes para ustedes, los estadounidenses. Honra a quienes pusieron los fundamentos de los Estados Unidos tal como son hoy. Democracia, independencia, libertad, y una sociedad que cuida de todos los que trabajan con diligencia, viven con honestidad y respetan la ley. El pueblo ucraniano no quiere para sí nada más que eso mismo.

Amigos, en sus libros de historia hay páginas que les ayudarán a comprender lo que ocurre en Ucrania. Recuerden la funesta mañana del 7 de diciembre de 1941: el ataque a Pearl Harbor. Recuerden el sentimiento cuando el cielo se ennegreció con los aviones que les atacaban.

Recuerden el 11 de septiembre de 2001, cuando el mal intentó hacer de sus ciudades un campo de batalla. Recuerden cuando desde el aire atacaron a personas inocentes de un modo que nadie había previsto y nadie fue capaz de detener.

Nuestro Estado experimenta lo mismo todos los días. Todas las noches, durante tres semanas —en Odesa y Járkiv, en Cherníhiv y Sumi, en Zhitómir y Lviv, en Mariúpol y Dnipró—, Rusia ha convertido el cielo ucraniano en un espacio mortal y arrebata la vida a miles de personas. Las tropas rusas ya han lanzado en Ucrania casi mil misiles y un sinfín de bombas. Se trata de un terror que no se había visto en Europa desde hacía ochenta años.

Estoy aquí para pedir al mundo que responda a este terror. ¿Es mucho pedir?

Lo primero que solicitamos es una zona de exclusión aérea. Con ella, Rusia no podrá aterrorizar nuestras tranquilas ciudades día y noche. Si es demasiado, proponemos una alternativa: armas. Ustedes ya saben qué sistemas de defensa necesitamos y saben cuánto dependemos de nuestra destreza en el manejo de aparatos aéreos. El mismo avión que protege a su pueblo —su libertad— puede ayudar a Ucrania y puede ayudar a Europa.

«Tengo un sueño». Todos los estadounidenses conocen esas palabras. Bien, pues hoy digo: «Tengo una necesidad». Porque ahora estas palabras significan lo mismo para nosotros que cuando ustedes dicen: «Tengo un sueño».

Quiero que sepan que Ucrania está agradecida a Estados Unidos por su impresionante apoyo. Por todo lo que su Estado y su pueblo han hecho por nuestra libertad. Por las armas y la munición, por entrenarnos y financiarnos, y por la presión económica que han impuesto a nuestro agresor. Doy las gracias al presidente Biden por su compromiso sincero con la defensa de Ucrania y con la democracia mundial. Y les doy las gracias a ustedes por la resolución que considera criminales de guerra a todos los que cometen delitos contra el pueblo ucraniano. Pero ahora, en el momento más oscuro para nuestro país, les pido que hagan algo más...

Porque ahora no basta con ser el líder de la nación.* Ahora hay que ser el líder del mundo. Y ser

* De aquí en adelante, Zelenski habla en inglés.

el líder del mundo quiere decir ser el líder en la paz.

La paz de su país ya no depende solo de lo que les suceda a ustedes y a su pueblo. Depende de la fuerza de sus aliados.

Depende de su coraje, de estar preparados para luchar por la vida de los ciudadanos de todo el mundo. Luchar por los derechos humanos y por la libertad; por el derecho a vivir con decencia y a morir solo cuando a uno le llegue la hora.

Depende de no dejar de lado todo ello cuando el vecino amenaza.

Hoy, el pueblo ucraniano no solo está defendiendo Ucrania. Estamos luchando también por los valores europeos y mundiales; sacrificamos nuestra vida en nombre de un futuro mejor.

Por eso el pueblo estadounidense no solo está ayudando a Ucrania, sino también a Europa y al planeta, para preservar la justicia en el mundo.

Ahora tengo casi cuarenta y cinco años. Y en estas semanas pasadas el corazón de un centenar de niños ha dejado de latir. No le encuentro sentido a mi vida si no puedo evitar la muerte.

Por ello, como presidente de mi país, me dirijo al presidente Biden. Usted es el líder de una gran nación. Me gustaría que fuera el líder del mundo.

Ser el líder del mundo quiere decir ser el líder en la paz.

11

«¡Derriben este muro!»

Discurso pronunciado
en el Parlamento Federal de Alemania
Berlín (vía vídeo), 17 de marzo de 2022

En las tres semanas que llevamos de guerra, el pueblo de Ucrania se ha convencido de algo que antes solo sospechaba. Es algo que probablemente ustedes aún no han advertido.

Es como si estuviéramos tras el muro otra vez. No el de Berlín, sino otro que se encuentra en medio de Europa, un muro que separa la libertad de la esclavitud. Y este muro se hace más sólido con cada bomba que cae en nuestra tierra y con cada decisión que no se toma en el nombre de la paz.

¿Cómo ha llegado a ocurrir esto? Cuando les dijimos que el Nord Stream* era un arma que se construía para su uso en una gran guerra, la res-

* El Nord Stream es un conducto de gas natural que va desde Rusia hasta Alemania y que discurre por el fondo del mar Báltico.

puesta que oímos fue que solo se trataba de un asunto «económico».

Pero se trataba de cemento para construir un nuevo muro.

Cuando les preguntamos a ustedes qué debía hacer Ucrania para ser miembro de la OTAN y para obtener garantías de seguridad, nos dijeron: «Eso no está sobre la mesa y no lo estará en un futuro próximo». Del mismo modo, están ustedes posponiendo nuestra entrada en la Unión Europea. Hay gente que piensa que esto es política.

La verdad es que son piedras, piedras para un nuevo muro.

Cuando queríamos que se implantaran sanciones preventivas contra Rusia, recurrimos a muchos países europeos. Recurrimos a ustedes. Pero nos topamos con resistencia. Comprendimos que querían respaldar la «economía».

Y ahora, las rutas comerciales que hay entre ustedes y el país que de nuevo ha traído una guerra brutal a Europa son alambres de púas que corren por encima del muro, el nuevo muro que divide Europa.

Muchos de ustedes no ven qué hay detrás del muro que separa los pueblos de Europa. Como resultado, no todos son plenamente conscientes de lo que estamos sufriendo en Ucrania.

Así pues, me dirijo a ustedes en nombre de los ucranianos, en nombre de los vecinos de Mariúpol, una ciudad bloqueada y arrasada por completo por las tropas rusas. Han destruido todo y a todos los que están allí. Cientos de miles de personas sufren bombardeos las veinticuatro horas del día. Ni de día ni de noche hay agua ni comida, electricidad ni comunicaciones. Y así llevan semanas.

Las tropas rusas no distinguen entre civiles y militares. No les importa dónde están las infraestructuras de la vida cotidiana. Todo se considera un objetivo. Ayer voló por los aires un teatro que servía de refugio a centenares de personas, así como una maternidad, un hospital infantil y muchas zonas de viviendas en las que no hay instalaciones del ejército. Los rusos no permiten que entre en la ciudad ningún cargamento de ayuda humanitaria. Las tropas rusas no han dejado de bombardear en cinco días, ni de evitar deliberadamente que se pueda rescatar a la gente.

Ustedes pueden ver todo esto. Solo con trepar por el muro.

Les pido que piensen sobre lo que significó para los alemanes el puente aéreo de Berlín.* Fue posible porque el cielo era seguro. Hoy, en nues-

---

* En 1948 y 1949, los aliados occidentales, ante el bloqueo soviético de Berlín Occidental, transportaron provisiones mediante un puente aéreo para evitar que la ciudad cayera en el ámbito de influencia soviética.

tro país, ni siquiera podemos establecer un puente aéreo. Todo lo que ofrece el cielo son bombas y misiles rusos.

Hoy apelo a ustedes en nombre de los ucranianos mayores, muchos de los cuales escaparon de la Ucrania ocupada ochenta años atrás y sobrevivieron a la guerra. O los que se salvaron de Babin Yar. El presidente Frank-Walter Steinmeier visitó Babin Yar el año pasado para el octogésimo aniversario de la tragedia. Desde entonces, misiles rusos caen en el lugar.

Los ataques aéreos mataron a una familia que estaba allí, visitando el monumento al Holocausto. Los asesinaron en el mismo sitio, ochenta años después, en que murieron sus abuelos.

Apelo a ustedes en nombre de todos los que han oído a los políticos decir: «Nunca más», y en nombre de todos los que han visto que esas palabras no tienen valor. Porque en Europa hay de nuevo un invasor que trata de destruir a todo un pueblo y destruir todo por lo que vivimos y para lo que vivimos.

Apelo a ustedes en nombre de nuestros militares, quienes defienden nuestro Estado y defienden así los valores de los que se habla en todas partes de Europa y también aquí, en Alemania. Los valores de la libertad y la igualdad. El derecho a vivir en libertad y no someterse a otro Estado que considera que el territorio extranjero es su «espacio vital». ¿Por qué hay tantos otros países que nos apoyan más que ustedes?

Porque este es el muro del que hablo. El muro que algunos de ustedes no ven aunque estemos dándole martillazos mientras luchamos para salvar a nuestro pueblo.

Doy las gracias a todos los alemanes que nos ofrecen respaldo. A los alemanes corrientes que están ayudando con sinceridad a los ucranianos. A los periodistas que hacen su trabajo con honradez, mostrando el mal que nos ha traído Rusia. Y a la gente de negocios alemana que pone la moralidad y la humanidad por encima de la contabilidad y de la «economía».

Y también agradezco a los políticos que continúan tratando de derribar el muro. A quienes prefieren una vida sin el dinero de Rusia antes que la muerte de niños ucranianos. A quienes están a favor de endurecer las sanciones que pueden traer la paz a Ucrania y a Europa. Y a quienes saben que es necesario un embargo en el comercio con Rusia... En otras palabras, estoy agradecido a quienes son más altos que todos los muros y que entienden que, cuando se trata de salvar a personas, el más fuerte es el que carga con más responsabilidad.

Pero deben ustedes saber que nos es difícil seguir resistiendo sin su ayuda y sin la del resto del mundo. Es difícil defender Ucrania —defender Europa— sin el sostén que ustedes pueden ofrecernos. Después de la destrucción de Járkiv por segunda vez en ochenta años. Después del bombardeo de Cherníhiv, Sumi y el Donbás por segunda vez en ochenta años. Después de que hayan torturado y asesinado a miles de personas por segunda vez en ochenta años.

Porque, de lo contrario, ¿qué sentido tiene la responsabilidad histórica que sigue sin redimirse ochenta años después? ¿Cómo van ustedes a impedir que surja una nueva deuda detrás de ese nuevo muro, una deuda que volverá a exigir redención?

Ronald Reagan dijo una vez en Berlín: «¡Derriben este muro!». A mí me gustaría decirles lo mismo. Canciller Scholz, ¡derribe este muro!

Otorguemos a los alemanes el liderazgo que merecen y del que se enorgullecerán sus descendientes.

Apóyennos. Apoyen la paz. Apoyen a todos y cada uno de los ucranianos.

Ayúdennos a terminar con la guerra.

12

«La indiferencia mata»

Discurso pronunciado en la Knéset israelí
Jerusalén (vía vídeo), 20 de marzo de 2022

Quiero empezar por recordarles las palabras de una gran mujer de Kíev, Golda Meir.* «Tenemos la intención de seguir vivos. Nuestros vecinos quieren vernos muertos. No es una cuestión que deje demasiado espacio para los acuerdos».

Son palabras célebres. Todos los judíos las han oído. Muchos ucranianos también, y ciertamente no pocos rusos.

Así que no necesito convencerles de lo entrelazadas que siempre han estado las historias de los ucranianos y de los judíos, tanto en el pasado como ahora, en estos momentos tan terribles. Estamos en países distintos y en condiciones totalmente distintas. Pero la amenaza es la misma. En ambos casos, la destrucción total de un pueblo, de un estado, de

---

* Política israelí (1898-1978), primera ministra de Israel de 1969 a 1974.

una cultura. Quieren incluso privarnos del nombre: Ucrania, Israel.

Quiero que se sientan ustedes como nos sentimos nosotros. Piensen en el 24 de febrero, el día en que Rusia empezó a invadir Ucrania. Este día ha pasado dos veces a la historia, ambas como un acontecimiento trágico. Trágico para los ucranianos, para los judíos, para Europa, para el mundo.

El 24 de febrero de 1920 se fundó el Partido Nacional Socialista Obrero Alemán. Se llevaría por delante millones de vidas, destruiría países enteros e incluso intentaría matar a pueblos enteros.

El 24 de febrero de 2022, exactamente ciento dos años después, se emitió una orden criminal para que Rusia iniciara una invasión de Ucrania a gran escala. Esta invasión se ha cobrado miles de vidas y ha dejado a millones sin hogar. Muchos están exiliados en países vecinos: en Polonia, Eslovaquia, Rumanía, Alemania, República Checa, los estados bálticos y otras naciones.

Nuestra gente está, pues, repartida por el mundo. Busca seguridad. Busca la paz. Igual que la buscaron ustedes en su día.

La invasión rusa de Ucrania no es una mera operación militar, como dice Moscú. Es una guerra larga y traicionera destinada a destrozar a un pueblo. El objetivo es eliminar a nuestros hijos y a nuestras familias, nuestro Estado y nuestras ciudades, nuestras comunidades y nuestra cultura: todo lo que nos hace ucranianos. Las tropas rusas lo están llevando a cabo con toda la intención frente a los ojos del mundo entero.

Por eso tengo derecho a hacer este paralelismo: la historia de ustedes y la nuestra. Nuestra guerra por la supervivencia y la Segunda Guerra Mundial.

Escuchen lo que dice el Kremlin. Utilizan términos con los que ustedes ya se han topado antes. Cuando los nazis atacaron Europa, no solo querían conquistar. Querían destruirlo todo y a todos, no querían que quedase nada ni de ustedes ni de nosotros, ni el nombre ni el rastro. Al «problema judío» lo llamaron la «solución final». Lo recuerdan ustedes, y estoy seguro de que nunca lo olvidarán.

Pero escuchen el ruido que procede ahora de Moscú. Oigan de nuevo las mismas palabras: «solución final». Pero esta vez se refieren a nosotros, el «problema ucraniano».

Esto se dijo abiertamente, en una reunión en Moscú. Puede consultarse en páginas web oficiales. Se citó en los medios de comunicación rusos. Dicen que, sin librar una guerra contra nosotros, no serían capaces de garantizar una «solución final» a sus supuestos problemas de seguridad.

Son exactamente las mismas palabras que se usaron ochenta años atrás.

Pueblo de Israel, habéis visto cómo los misiles rusos caían en Babin Yar. Conocéis el lugar: más de cien mil víctimas del Holocausto están enterradas allí. En Kíev hay un antiguo cementerio judío. Los rusos también han lanzado misiles sobre él. El primer día de esta guerra, proyectiles rusos alcanzaron la ciudad de Uman. Es una ciudad que visitan decenas de miles de judíos cada año en peregrinación a la tumba de Najman de Breslev. ¿Qué quedará de estos lugares después de esta guerra terrible?

Estoy seguro de que cada palabra de mi discurso provoca una punzada de dolor en vuestro corazón. Porque sentís lo que estoy diciendo. ¿Podéis explicar, pues, por qué tenemos que seguir pidiéndole ayuda al mundo? Seguimos pidiéndoos socorro, aunque solo sea para que nos concedáis visados de entrada.

¿De qué se trata? ¿De indiferencia? ¿De algún cálculo? ¿O de un deseo de mediar sin decantaros por ninguna de las partes? Dejaré que vosotros respondáis a estas preguntas. Solo señalaré una cosa: la indiferencia mata. Los cálculos pueden ser peligrosos, y la mediación solo puede realizarse entre estados, no entre el bien y el mal.

Todas las personas que viven en Israel saben que vuestro sistema defensivo de misiles es el mejor. Todo el planeta sabe que vuestras armas son poderosas. Sabéis cómo defender los intereses de vuestro pueblo.

Así que también podéis ayudarnos a proteger nuestras vidas. Vidas ucranianas, vidas de judíos ucranianos.

Podría seguir preguntando por qué no nos dais armas. O por qué Israel no ha impuesto sanciones elevadas contra Rusia ni ha presionado a las empresas rusas. Pero es cosa vuestra, queridos hermanos y hermanas, escoger la respuesta. Y el pueblo de Israel tendrá que vivir con ella.

Los ucranianos tomaron una decisión. Hace ochenta años hubo ucranianos que salvaron a judíos. Por eso hay Justos entre las Naciones que siguen viviendo en nuestro país.

Pueblo de Israel, tenéis ahora ante vosotros una elección semejante.

CUARTA PARTE
Nuestra nación

«¿Qué será lo que traiga el fin de la guerra? Antes decíamos: "La paz". Ahora decimos: "La victoria"».

La resistencia que opuso Ucrania cogió al mundo por sorpresa. El Gobierno no se derrumbó. El presidente no huyó. Y en muchas partes del país, el ejército ucraniano hizo recular al ruso. Sin embargo, esas victorias fueron siempre agridulces. A medida que se iban liberando ciudades, salían a la luz los rastros de los crímenes de guerra perpetrados por los rusos. No era un simple choque de ejércitos; era un choque de valores. En los discursos que pronunció Zelenski a partir de abril de 2022, recalcaría cómo esos valores habían llevado a la unión de los ucranianos como nación. Putin había tratado de aniquilar a un pueblo y no lo había conseguido. De las cenizas de la guerra, Ucrania había surgido más desafiante y unida que nunca: se trataba no de «una nación nacida, sino una nación renacida».

13

«¿Cómo ha sido posible?»

Discurso dirigido al pueblo ucraniano
Kíev, 3 de abril de 2022

El discurso de hoy empieza sin saludo. No quiero decir más palabras que las imprescindibles.

Los presidentes no suelen grabar discursos de esta clase. Pero hoy no tengo elección, tras lo que hemos visto que ha ocurrido en Bucha y en el resto de las ciudades de las que hemos expulsado a la ocupación. Cientos de personas asesinadas. Civiles torturados y ejecutados. Cadáveres en las calles. Minas por toda la ciudad, incluso en los cuerpos de los fallecidos. Muestras de saqueos en todas partes.

El mal en estado puro ha llegado a nuestra tierra. Nos han invadido asesinos, torturadores, violadores y saqueadores. Gente que se llama a sí misma el ejército y que no merece nada más que la muerte por lo que ha hecho.

Quiero que la madre de cada soldado ruso vea los cadáveres de las víctimas en Bucha, en Irpín, en

Hostómel. ¿Qué hicieron de malo? ¿Por qué los asesinaron?

¿Qué hizo el hombre que iba en bicicleta por la calle? ¿O los civiles corrientes de una tranquila ciudad que fueron torturados hasta la muerte? ¿Por qué estrangularon a mujeres después de haberles arrancado los pendientes? ¿Por qué violaron y asesinaron a mujeres delante de sus hijos? ¿Por qué se profanaron los cadáveres? ¿Por qué atropellaron a la gente con los tanques?

¿Qué le ha hecho Bucha a Rusia? ¿Cómo ha sido posible?

Madres rusas: quizá hayáis criado a saqueadores, pero ¿cómo han podido convertirse en carniceros? Es imposible que no os dierais cuenta de lo que había en la mente de vuestros hijos. Es imposible que os pasara inadvertida su falta de humanidad. Que no vierais que estaban convirtiéndose en personas sin alma y sin corazón. Personas que han asesinado con premeditación y placer.

Quiero que los líderes de la federación rusa vean cómo se ejecutan las órdenes que dan. Comparten la responsabilidad. Son culpables de las explosiones que arrancaron los brazos a la gente y de los disparos en la nuca a personas con las manos atadas a la espalda.

Así es cómo se verá ahora al Estado ruso. Esta es vuestra imagen. Vuestra cultura y humanidad han muerto junto con los hombres y las mujeres ucranianos que habéis matado.

He aprobado la creación de un mecanismo judicial especial que investigará todos los crímenes cometidos por los ocupantes del territorio ucraniano, en una suma de esfuerzos de expertos, investigadores, fiscales y jueces nacionales e internacionales. Y la responsabilidad recaerá en quienes han participado en esta terrible guerra contra el pueblo ucraniano. El Ministerio de Asuntos Exteriores, la Oficina del Fiscal General, la policía nacional, el servicio de seguridad, el servicio de Inteligencia y otros organismos estatales harán todo lo posible para que se ponga en marcha de inmediato. Invito a los ciudadanos y amigos de Ucrania de todo el mundo a que se unan a esta labor y nos ayuden así a obtener justicia.

El mundo ya ha visto cómo se cometían crímenes de guerra en muchas ocasiones y en muchos continentes. No obstante, debemos conseguir que sea la última vez que se propague por la tierra este mal, los crímenes de guerra perpetrados por el ejército ruso. Todos los culpables de estos crímenes se incluirán en un Libro de Torturadores especial.*
Los encontraremos y los castigaremos.

---

* Base de datos creada para recoger información sobre los crímenes de guerra cometidos durante la invasión rusa.

Ucranianos, hemos expulsado al enemigo de muchas partes del país. Pero las tropas rusas todavía ocupan otras zonas. Después de echarlas, es posible que encontremos en ellas atrocidades peores: más muertos, más víctimas de torturas. Esta es la naturaleza de la milicia rusa. Son unos cerdos, no pueden actuar de otro modo. Tienen que cumplir las órdenes.

Informaremos con todo detalle a los aliados de Ucrania sobre lo que ha sucedido en los territorios temporalmente ocupados. Este martes, el Consejo de Seguridad de las Naciones Unidas valorará los crímenes de guerra consumados en Bucha y en otras ciudades durante el tiempo de ocupación rusa. Sin duda impondrán a Rusia una nueva serie de sanciones.

Pero no es suficiente. Hay que extraer conclusiones de mayor alcance, no solo sobre Rusia, sino también sobre el contexto político que ha posibilitado que este mal entre en nuestra tierra.

Hoy es el decimocuarto aniversario de la cumbre que celebró la OTAN en Bucarest. En ella se planteó la oportunidad de sacar a Ucrania de la «zona gris» de Europa del Este. La «zona gris» que hay entre la OTAN y Rusia. La «zona gris» donde Moscú cree que puede hacer cualquier cosa, incluso cometer los crímenes de guerra más horribles.

En 2008, mientras se discutía si Ucrania podría incorporarse como miembro a la OTAN, se mantuvo en secreto la intención de la alianza de rechazar esa posibilidad. Pensaron que si lo hacían podrían apaciguar a Rusia, convencerla de que respetase a Ucrania y conviviera pacíficamente con ella.

En los catorce años que han pasado desde aquel error de cálculo, Ucrania ha vivido una revolución y ocho años de guerra en el Donbás. Ahora luchamos por nuestra vida en el conflicto más terrible que se ha dado en Europa desde la Segunda Guerra Mundial. Invito a la señora Merkel y al señor Sarkozy a visitar Bucha. Que vengan y vean adónde han conducido las concesiones que se hicieron a Rusia hace catorce años. Que vengan y vean con sus propios ojos las torturas que han sufrido los ucranianos.

No me malinterpretéis. No acuso a Occidente. No acusamos a nadie más que a la milicia rusa que cometió los crímenes y a quienes dieron las órdenes. Pero sí tenemos derecho a hablar de indecisión y a identificar el camino que ha llevado a Bucha, a Hostómel, a Járkiv, a Mariúpol.

Porque somos un pueblo decidido. No importa si pertenecemos a una alianza o estamos solos. Solo entendemos una cosa: debemos ser fuertes.

Catorce años atrás, en Bucarest, el líder ruso dijo a Occidente que no existía un estado llamado Ucrania. Pero hemos demostrado que sí. Hace mucho tiempo que existe un país llamado así y existirá durante mucho tiempo más.

Sabed que no vamos a escondernos detrás de la fuerza de las naciones más poderosas del mundo. No vamos a ir a suplicarle a nadie. No deberíamos haber tenido que pedir ayuda armamentística para protegernos del mal que ha llegado a nuestra tierra. Deberían habernos dado las armas necesarias sin que mediara una petición. El mundo debería haberse dado cuenta del mal que llegó y de los horrores que trajo consigo.

Somos conscientes de lo que está en juego en esta guerra. Somos conscientes de lo que estamos defendiendo.

De un lado, el ejército ucraniano se rige por valores morales y profesionales. Es un ejército con los más altos principios; muchos otros deberían aprender de él. Son los valores del pueblo ucraniano.

Del otro lado están los valores de los invasores rusos. Es la diferencia entre el bien y el mal. Es la diferencia entre Europa y un agujero negro, uno cuya oscuridad quiere absorberlo todo.

Ganaremos esta guerra. Incluso si cada uno de los políticos es incapaz de superar su indecisión, ya sea ahora o en el futuro. De momento estamos trabajando para devolver la vida a Bucha: reparar el suministro de electricidad y de agua, reanudar el funcionamiento de los centros médicos, reconstruir la infraestructura, devolver la seguridad a la gente.

Hemos expulsado a Rusia y Ucrania regresa. Y trae la vida consigo.

Hoy he ido a visitar a ocho guerreros heridos al hospital del Servicio de la Guardia Fronteriza de Ucrania. Les he entregado condecoraciones del Estado. También he concedido galardones a un oficial del servicio médico, un destacado traumatólogo militar ucraniano que ya ha salvado la vida a muchos de nuestros defensores. En total, cuarenta y un guardias fronterizos han recibido galardones.

Fueron los integrantes del Servicio de la Guardia Fronteriza Estatal los primeros en responder a la ofensiva, el 24 de febrero. Ahora las tropas van regresando a la frontera a medida que rechazamos a los ocupantes.

Sé que llegará la hora en que se restablezca la totalidad de la frontera ucraniana. Para que esto ocurra pronto, debemos mantener la determinación. Debemos estar listos para enfrentarnos al mal. Y debemos estar preparados para responder a todos y cada uno de los actos criminales que se perpetren contra nuestro país, nuestro pueblo y nuestra libertad.

El mal será castigado.

14

«Dios salve a Ucrania»

Discurso pronunciado el día de Pascua
Kíev, 24 de abril de 2022

Hoy es un día festivo muy especial, y yo estoy en un sitio muy especial: la catedral de Santa Sofía. Se construyó hace unos mil años y se erige en el lugar donde la Rus de Kíev derrotó a los pechenegos. La invasión de las hordas mongolas no la destruyó, ni tampoco la ocupación nazi. Lo resistió todo.

Hoy tenemos fe en una nueva victoria de Ucrania. Tenemos fe en que, como en anteriores ocasiones, no la destruirá ningún mal invasor.

Son tiempos oscuros. Hoy es un día luminoso, pero muchos no llevamos ropa colorida. Eso sí: estamos luchando por la luz. Estamos luchando por la verdad. Y en eso, Dios y la luz del cielo están de nuestra parte.

Sobre mí está la Oranta, la patrona de la humanidad.* Igual que está por encima de mí, está por

* Mosaico de la Virgen María en la catedral de Santa Sofía.

encima de todos nosotros. Está aquí, en el muro inquebrantable de la principal fortaleza de nuestra nación, Kíev... Sobre la Oranta hay unas palabras de los Salmos. «Dios mora en esa ciudad; no puede ser destruida. Desde que nace el día, Dios la protegerá». Hoy, todos creemos que nuestro amanecer está cerca.

«Oranta» significa «la que reza». Todos llevamos dos meses rezando. La resurrección de Cristo simboliza la victoria de la vida sobre la muerte. Y hoy cada uno de nosotros reza por lo mismo. Pedimos que Dios salve a Ucrania.

Protege a quienes nos protegen: los militares, la guardia nacional, los guardias de las fronteras, los servicios de Inteligencia. Sálvalos, salva a nuestros guerreros de luz.

Ayuda a quienes los ayudan: los voluntarios y a todos los que se preocupan por Ucrania, aquí y en cualquier lugar del mundo...

Salva las vidas de quienes salvan las vidas de los demás: los médicos, los bomberos, los socorristas, los zapadores. Que la vida no solo sea un símbolo de la Pascua. Que la vida gane la batalla contra la muerte todos los días del año.

Protege a nuestras madres. Da fortaleza a quienes esperan que su hijo o su hija vuelvan del frente. Da valor a quienes han perdido a hijos en las apacibles ciudades y pueblos a los que Rusia ha llevado la muerte.

Concede salud a nuestras abuelas por muchos años. Concédeles la oportunidad de ver de nuevo a sus seres queridos. De ver la paz y la victoria. De ver la justicia. Y de ver la vejez feliz que quieren robarles los invasores. Porque hoy, en lugar de estar tejiendo bufandas y jerséis para sus nietos, cosen redes de camuflaje.

Protege a nuestros padres y a nuestros abuelos. Los hombres que una vez les contaron a sus nietos historias de la última guerra y ahora los ven partir a la nueva. Los hombres que construyeron este país y hoy ven cómo otros lo destruyen. Que vean la liberación y la reconstrucción de nuestro pueblo, y nos den la fuerza para volver a erigirlo.

Protege a nuestros hijos. Da a todos los niños y las niñas una infancia, una madurez y una vejez felices; una vida larga para que puedan librarse de los terribles recuerdos de la guerra que habrán vivido en su juventud. Los juegos de horror en los que se han visto obligados a participar no tienen lugar en la vida de un niño. Al escondite, pero escondiéndose de las bombas. No corren por el patio de un colegio, sino para resguardarse de los disparos. Viajan por el país no hacia un destino vacacional, sino porque se marchan de sus casas destruidas.

Salva a todos los ucranianos. No hemos atacado a nadie; por ello, defiéndenos. Nunca hemos arrasado otra nación; por ello, no dejes que nadie nos arrase. Nunca hemos tomado la tierra de otro pueblo; por ello, no dejes que nadie tome la nuestra.

Y salva a Ucrania. Sálvanos, a derecha e izquierda del Dnipró. Porque, cuando terminó el invierno, la primavera no llegó. El hielo del invierno se metió en nuestras casas y el amanecer no nos trajo nada más que oscuridad.

Dios, sabemos que no olvidarás las acciones de quienes no han acatado tus mandamientos. Sabemos que no olvidarás las atrocidades de Bucha, Irpín, Borodianka, Hostómel. También sabemos que no olvidarás a quienes han sobrevivido a estos crímenes brutales. Regálales alegría a ellos y a todo el pueblo de Ucrania.

Sabemos que no olvidarás el ruido de las bombas que cayeron en Cherníhiv, Mikolaiv, Jersón, Sumi, Járkiv, Izium, Kramatorsk y Volnovaja, Popasna. Que estas ciudades oigan el sonido de la victoria ucraniana.

Sabemos que no olvidarás a Mariúpol ni a sus heroicos defensores. Los invasores tal vez destruyan los muros de la ciudad, pero no sus cimientos: la moral de nuestros guerreros, la moral del país entero.

Hoy vemos imágenes terribles de la guerra. Que pronto veamos un paisaje feliz de paz.

Hoy estamos pasando por el peor de los juicios. Que pronto lleguemos a un veredicto justo: el regreso de la vida, la felicidad y la prosperidad a Ucrania.

Hoy tenemos el corazón lleno de furia atroz y el alma desbordada de odio hacia los invasores. Que esta furia no nos destroce por dentro. Conviértela en victorias ahí afuera. Transforma nuestra rabia en una fuerza con la que derrotar al mal.

Sálvanos del conflicto y de la división. No dejes que perdamos la unidad.

Fortalécenos la voluntad y el espíritu. No dejes que nos perdamos.

No dejes que perdamos el deseo de libertad. Y no dejes que perdamos la pasión por esta lucha justa. No dejes que perdamos la esperanza en la victoria, la autoestima, la libertad.

No dejes que perdamos a nuestra Ucrania. No dejes que perdamos la fe.

Ucranianos, el año pasado celebramos la Pascua en casa por culpa de la pandemia. Este año, de nuevo, no podemos celebrar la Resurrección como siempre. Nos aqueja otro virus: la plaga de la guerra.

Pero debéis saber que la enfermedad del año pasado y la de este tienen en común una verdad: que nada puede vencer a Ucrania. Y así, esta gran festividad nos da esperanza.

Nos da fe en que la luz se impondrá sobre las tinieblas, el bien se impondrá al mal, la vida se impondrá a la muerte.

Y nos da fe en que Ucrania vencerá.

15

«¿Nunca más?»

Discurso pronunciado el día del Recuerdo
y la Reconciliación
Borodianka, 8 de mayo de 2022

¿Puede llegar la primavera en blanco y negro?

¿Puede el helado febrero continuar sin fin?

¿Pueden las palabras de paz perder su significado?

Ucrania sabe que la respuesta a estas preguntas puede ser que sí.

Todos los años, el 8 de mayo, junto con el resto del mundo civilizado, honramos a quienes defendieron el planeta del nazismo durante la Segunda Guerra Mundial. Recordamos los millones de vidas perdidas, los destinos truncados, las almas torturadas.

Recordamos los millones de motivos para decirle al mal: «Nunca más».

Hace tiempo que comprendemos el precio que pagaron nuestros ancestros para que ahora podamos pronunciar estas palabras. Hace tiempo que sabemos lo importante que es preservarlas y transmitirlas a la posteridad. Pero hasta ahora no teníamos ni idea de que nuestra generación fuera a presenciar su profanación.

Resulta que no son palabras verdaderas para todos.

Este año decimos «Nunca más» de otro modo. Oímos «Nunca más» de otro modo. Suena doloroso, cruel, y ahora no lleva un signo de exclamación, sino de interrogación. La gente dice: «¿Nunca más?». Que se lo digan al pueblo ucraniano.

El 24 de febrero se borró la palabra «nunca». Cientos de misiles le dispararon y la bombardearon a las cuatro de la madrugada, y todos los ucranianos se despertaron. Entonces, todo lo que oímos fue «Otra vez».

La ciudad de Borodianka fue una de las muchas víctimas de este crimen. Doy este discurso frente a la prueba de ello. No es un recinto militar ni una base secreta, sino un sencillo edificio de ocho plantas de viviendas. ¿Podría representar una amenaza de seguridad para Rusia? ¿Para un país que ocupa una octava parte del territorio del planeta, para el segundo ejército más grande del mundo, para un estado nuclear? ¿Podría haber una pregunta más absurda?

Pensemos en las bombas de doscientos cincuenta kilos con las que una superpotencia acribilló a esta pequeña ciudad. En aquel momento, la ciudad quedó muda. Hoy no puede decir «Nunca más». Hoy no puede decir nada. Pero está todo clarísimo sin necesidad de palabras.

Mirad esta casa. Aquí había unas paredes. En ellas había fotos colgadas de quienes pasaron por el infierno de la guerra. Los cincuenta hombres de esta ciudad a quienes enviaron a Alemania para realizar trabajos forzados. Los que fueron quemados vivos cuando los nazis prendieron fuego a cien casas. Los doscientos cincuenta soldados que murieron en los frentes de la Segunda Guerra Mundial, de un total de mil habitantes procedentes de esta localidad que se enfrentó y venció al nazismo.

Lucharon para decir «Nunca más».

Lucharon por el futuro de sus hijos.

Lucharon por la vida que había aquí hasta el 24 de febrero.

Imaginad a las personas de estos pisos cuando se fueron a dormir. Imagináoslas dándose las buenas noches, apagando la luz y abrazando a sus seres queridos.

Cerraron los ojos y se durmieron. No sabían que no todos verían el día siguiente.

Durmieron profundamente y soñaron. No sabían que al cabo de pocas horas les desvelarían explosiones de misiles ni que algunas nunca volverían a despertar.

¿«Nunca más»? Ahora ha caído la palabra «nunca». Se la llevó la llamada «operación especial». Rusia nos miró a los ojos y nos clavó un cuchillo en el corazón de ese «Nunca más»... Hasta que los monstruos del pasado empezaron a reaparecer.

Ucrania no ha olvidado la ocupación que sufrieron nuestras ciudades hace ochenta años. Muchas están experimentando ahora una segunda ocupación; algunas, como Mariúpol, una tercera. En los dos años de ocupación, los nazis mataron allí a diez mil civiles. En dos meses de ocupación, los rusos han matado a veinte mil.

Décadas después de la Segunda Guerra Mundial, la oscuridad ha vuelto a Ucrania.

Nuestras ciudades han perdido el color, han vuelto al blanco y negro.

El mal ha retornado. Con distinto uniforme, con eslóganes distintos, pero con el mismo propósito.

En Ucrania ha tenido lugar una reconstrucción sangrienta del nazismo. Se han reconstruido ideas, actos, palabras y símbolos viejos. Se han reconstruido las atrocidades y los intentos de imbuir el mal con objetivos legítimos. A veces, incluso esta reconstrucción intenta sobrepasar a su «maestra» y llegar a ser el mayor mal de la historia humana. Pretende establecer un nuevo récord en xenofobia, en odio y en racismo, y en el número de víctimas a las que puede damnificar.

¿«Nunca más»? Este fue el himno de un mundo civilizado. Pero alguien desafinó. Distorsionaron la melodía de ese «Nunca más» con notas de duda. Y al final, la canción quedó muda.

Así que ahora los países que sufrieron el nazismo de primera mano están experimentando un espeluznante *déjà vu*. Naciones a las que se ha tenido por «inferiores», o consideradas esclavas sin derecho a tener su propio estado, o vistas como gente que no debería existir de ningún modo. Ahora ven cómo resurgen los horrores de su pasado.

Oyen expresiones que exaltan a una nación y borran a otras; dicen que tu pueblo en realidad no existe y que por tanto no tienes derechos. Oyen otra vez el lenguaje del mal.

Juntos, esos países se percatan de una dolorosa realidad. Que ese «Nunca más» no ha durado ni siquiera un siglo. Hemos vivido en él solo setenta y siete años. No nos dimos cuenta de cómo renacía ese mal.

Esa verdad la entienden todos los países que apoyan hoy a Ucrania. Pese a la máscara nueva que lleva la bestia, la reconocen. A diferencia de algunos, recuerdan por qué y contra qué lucharon nuestros antepasados. A diferencia de algunos, no se han confundido respecto al bien y al mal. Ellos sí recuerdan.

Los polacos no han olvidado de quién era la tierra en la que los nazis empezaron su marcha y dispararon el pistoletazo de salida de la Segunda Guerra Mundial. No han olvidado cómo primero el mal te acusa a ti, te provoca, te llama agresor, y luego te ataca a las cuatro de la madrugada en una acción que llama «de defensa propia». Ven cómo sus experiencias se repiten en nuestra tierra. Cuando se acuerdan de la Varsovia asolada por los nazis y ven lo que ha sucedido en Mariúpol, recuerdan.

Los británicos no han olvidado cómo los nazis barrieron Coventry, a la que bombardearon en cuarenta y una ocasiones. No han olvidado la Sonata Claro de Luna de la Luftwaffe, cuando se sometió a la ciudad a un bombardeo constante que duró once horas. No han olvidado cómo destruyeron su centro histórico, las fábricas, la catedral de San Miguel. Cuando ven el impacto de los misiles en Járkiv y ven los daños en su centro histórico, en las fábricas y en la catedral de la Asunción, recuerdan.

No han olvidado el bombardeo de Londres, que se alargó cincuenta y siete semanas consecutivas. Cuando se acuerdan de cómo las bombas V-2 cayeron en Belfast, Portsmouth y Liverpool, y ven los misiles de crucero caer sobre Mikolaiv, Kramatorsk y Cherníhiv; cuando se acuerdan del bombardeo de Birmingham y ven el ataque a su ciudad hermana Zaporiyia, recuerdan.

Los franceses no han olvidado Oradour-sur-Glane, donde las SS quemaron vivos a quinientos mujeres y niños. No han olvidado los ahorcamientos en masa de Tulle, la masacre en el pueblo de Ascq ni a las miles de personas que se manifestaron en la Lille ocupada. Ven lo que ha ocurrido en Bucha, Irpín, Borodianka, Volnovaja y Trostianets. Ven la ocupación de Jersón, Melitópol, Berdiansk y otras ciudades donde la gente no se ha rendido. Ven cómo miles de ucranianos acuden a manifestaciones pacíficas donde los ocupantes no pueden hacer más que disparar a los civiles. Recuerdan.

Los holandeses no han olvidado cómo Róterdam fue la primera ciudad que quedó totalmente destruida bajo noventa y siete toneladas de bombas nazis. Los checos no han olvidado cómo en menos de un día los nazis asolaron Lídice y dejaron del pueblo solo las cenizas. Vieron cómo asolaron Popasna, de la que tampoco han quedado nada más que cenizas. Los griegos no han olvidado cómo sobrevivieron a masacres y ejecuciones, al bloqueo y a la Gran Hambruna. Recuerdan.

Los estadounidenses no han olvidado cómo lucharon contra el mal en dos frentes. Se acuerdan de las batallas de Pearl Harbor y Dunquerque. Juntos vivimos batallas nuevas, pero no menos difíciles. Recuerdan.

Los supervivientes del Holocausto no olvidan. Se acuerdan de cómo un pueblo puede odiar a otro. Recuerdan. Lituanos, letonios, estonios, daneses, georgianos, armenios, belgas, noruegos e incontables otros no han olvidado. Todos los que sufrieron el nazismo en su tierra y todos los que lo vencieron formando parte de la coalición antihitleriana. Recuerdan.

Y sin embargo existen quienes, habiendo sobrevivido a todos aquellos crímenes, habiendo perdido a millones de personas, habiendo combatido y ganado, han profanado su victoria.

El hombre que ha orquestado el bombardeo de Ucrania. El hombre que ha arrojado bombas sobre ciudades que fueron liberadas por sus propios ancestros junto con los nuestros. El hombre que ha escupido a la cara de su propia celebración del día de la Victoria al colocar a los torturadores de Bucha sobre el escenario. El hombre que ha despreciado a la humanidad entera.

Pero ha olvidado lo más importante. El mal siempre pierde.

Compatriotas ucranianos, hoy homenajeamos a todos los que defendieron su patria y al mundo frente al nazismo. Recordamos la hazaña del pueblo ucraniano y su contribución a la victoria contra Hitler. Vivieron las explosiones, los disparos, las trincheras, las heridas; el hambre, los bombardeos, los asedios, las ejecuciones en masa, las expediciones punitivas, la ocupación; los campos de concentración, las cámaras de gas, las estrellas amarillas, los guetos, Babin Yar, Katyń, el cautiverio, los trabajos forzados.

Murieron para que cada uno de nosotros pudiese saber qué significaban esas palabras escritas en los libros de historia, y no por nuestra propia experiencia.

Pero esa experiencia se repite. Y así se los deshonra a todos ellos.

Pero sabed una cosa: la verdad vencerá. Y saldremos de esta...

Saldremos de este invierno que empezó el 24 de febrero y aún sigue aquí, a 8 de mayo, pero terminará definitivamente, ya que el sol ucraniano lo derretirá de nuevo.

Veremos juntos ese amanecer, todo el país. Un día cercano, nuestros seres queridos volverán a estar juntos.

Nuestra bandera volverá a ondear en las ciudades ocupadas.

Nuestra nación se reunificará y reinará de nuevo la paz.

Y el mundo no volverá a soñar en blanco y negro. Solo soñará en azul y amarillo.

Por eso lucharon nuestros ancestros.

16

«Un pueblo libre»

Discurso pronunciado el
día de la Independencia de Ucrania
Kíev, 24 de agosto de 2022

El pueblo libre de una Ucrania independiente.

Estas siete palabras lo dicen todo. Siete palabritas, pero de cuánto significado están cargadas hoy, el día número 182 de esta guerra a gran escala. Cuántos símbolos e ideas, triunfos y pérdidas, alegrías y penas contienen estas palabras. Y cuánta verdad hay en ellas también.

Captan una verdad que es imposible discutir. Que somos el pueblo libre de una Ucrania independiente. Es una verdad presente: después de seis meses de intentos por acabar con nosotros, seguimos siendo el pueblo libre de una Ucrania independiente.

Y es también la verdad sobre nuestro futuro: que seguiremos siendo el pueblo libre de una Ucrania independiente.

Hace seis meses, Rusia nos declaró la guerra. El 24 de febrero, Ucrania entera oyó explosiones y disparos. Se suponía que el país no debía oír las palabras «Feliz día de la Independencia» el 24 de agosto. El 24 de febrero nos dijeron: «Lo tenéis totalmente crudo». El 24 de agosto podemos decir: «Feliz día de la Independencia, Ucrania».

A lo largo de estos seis meses hemos cambiado la historia, hemos cambiado el mundo y, sobre todo, hemos cambiado nosotros. Hoy sabemos con certeza quién es realmente nuestro camarada y nuestro amigo y quién no es ni siquiera un conocido casual. Sabemos quién ha mantenido su nombre y su reputación, y también quién ha estado del lado de los terroristas. Quién no nos quiere y quién nos deja la puerta abierta. Al menos hemos aprendido a distinguir quién es quién.

Y el mundo entero ha aprendido quiénes son los ucranianos. Qué es Ucrania. Nadie volverá a decir nunca más: «Está por ahí, cerca de Rusia».

Hemos empezado a respetarnos a nosotros mismos. Hemos llegado a entender que, mientras algunos pueden ofrecer ayuda y apoyo, solo nosotros vamos a luchar por nuestra independencia. Y, así, nos unimos.

Aún no teníamos HIMARS, pero teníamos a personas dispuestas a detener tanques sin llevar nada en las manos. Nuestros aliados no estaban preparados para imponer una zona de exclusión aérea, pero teníamos a personas deseosas de proteger su tierra natal con la propia vida.

El valor del pueblo ucraniano ha inspirado al mundo entero. Le ha renovado a la humanidad la esperanza de que la justicia no ha desaparecido del todo de nuestro mundo.

Y ha mostrado que no es la fuerza la que gana, sino la verdad. No el dinero, sino los valores. No el petróleo, sino la gente.

Ayer el mundo estaba dividido. En la respuesta global a la pandemia de COVID, imperaba el sálvese quien pueda. Ucrania cambió eso en solo seis meses. Desde ahora, los libros de texto de historia tendrán un nuevo apartado: «Cuando Ucrania unió al mundo». Cuando la democracia volvió a asomar la cabeza. Cuando la tiranía recibió una respuesta en el único lenguaje que entiende.

Se decía que Europa ya no pintaba nada en la política internacional. Que era débil, pasiva, que estaba dividida y adormecida. Pero Ucrania ha revitalizado a todo el continente. Hoy, los europeos han salido a las plazas. Hoy, Europa ha introducido sanciones duras. Hoy, Europa reconoce por unanimidad que Ucrania es un futuro miembro de la UE.

Las grandes compañías se han dado cuenta de que el dinero sigue apestando: puede oler a sangre, a cenizas, a muerte. Hoy, las empresas están abandonando el mercado ruso en masa. Las personas se han vuelto más importantes que las pérdidas económicas.

Nunca antes la opinión pública había tenido una influencia tan grande en los políticos. Hoy son las personas las que determinan el comportamiento de su Gobierno. Las naciones se avergüenzan de la indiferencia, la inactividad y la lentitud. Se avergüenzan de adquirir compromisos vagos o de hablar un lenguaje demasiado diplomático. Se avergüenzan de no apoyar a Ucrania.

Y se avergüenzan de decir que están cansadas de Ucrania. El cansancio, quizá, sería algo más cómodo: le permitiría al mundo cerrar los ojos. Pero no es eso lo que oímos hoy decir a los líderes mundiales y a los ciudadanos. Oímos: «Estaremos con vosotros hasta el final, hasta que consigáis la victoria».

Ucranianos, este día ha sido siempre nuestra fiesta más importante. Desde hace tiempo es el momento de rendir homenaje a quienes lucharon por la independencia de Ucrania y de hacer el saludo a la bandera azul y amarilla. Desde hace tiempo es el momento en que nos llevamos la mano al corazón, cantamos el himno nacional y gritamos con orgullo: «¡Gloria a Ucrania!» y «¡Gloria a los héroes!».

El 24 de febrero tuvimos que demostrar la verdad de esas palabras con hechos. Aquel día se celebró el segundo referéndum de toda Ucrania.* De nuevo, el motivo fue la independencia. De nuevo, el veredicto fue decisivo. La diferencia fue que esa vez era necesario decir «sí» a la independencia pero no en una votación, sino en el alma y en la conciencia. Esa vez no acudimos a las urnas, sino a los comisariados militares, a las unidades de defensa territorial, a las organizaciones de voluntarios, al cuerpo de información, o simplemente hubo quien trabajó donde solía, con constancia y conciencia, por nuestro objetivo común.

Todos cambiamos. Algunos volvieron a nacer: como personas, como ciudadanos o simplemente como ucranianos. Y algunos «ucranianos» desaparecieron como por arte de magia. No murieron; solo se disolvieron: como personas, como ciudadanos, como ucranianos. Quizá no sea algo malo. Ya no nos estorbaremos unos a otros. Unos escogieron Mariúpol, otros Mónaco.** Pero ya sabemos dónde está la mayoría. Estamos juntos al fin.

Una nueva nación que emergió el 24 de febrero a las cuatro de la madrugada. No una nación nacida, sino una nación renacida.

* En Ucrania se celebró un referéndum por la independencia el 1 de diciembre de 1991.
** Algunos de los ucranianos más ricos se trasladaron a Mónaco en la época del estallido de la guerra.

Una nación que no lloró, no gritó, no se asustó. Una nación que no huyó, no cejó, no olvidó.

Una nación cuya bandera ondeará pronto en todas partes, allá donde debe ondear. Se verá en el Donbás y en Crimea. El enemigo pensaba que lo recibiríamos con flores y champán. Pero no: los recibimos con cócteles mólotov. Esperaban oír los aplausos y los vítores de los ucranianos, pero oyeron solo el estruendo de las armas.

Los invasores creían que en pocos días su ejército estaría desfilando por el centro de Kíev. Hoy puede verse su «desfile» en la Jreschátik, la calle principal de la ciudad. El equipo militar del enemigo solo ha estado presente en el centro de Kíev de una manera: quemado, destrozado, en ruinas.

No nos importa qué ejército tengáis; lo que nos importa es nuestra tierra. Lucharemos por ella hasta el final.

Hemos aguantado seis meses. Ha sido difícil, pero hemos apretado los puños y luchado por nuestra vida. Cada nuevo día nos trae una nueva razón para no desistir. Después de haber pasado por tanto, tenemos todo el derecho a llegar hasta el final.

¿Qué será lo que traiga el fin de la guerra? Antes decíamos: «La paz». Ahora decimos: «La victoria».

No llegaremos a ningún acuerdo con los terroristas. Vinieron a «defender» el idioma ruso, pero han matado a miles de esas personas a las que venían a «liberar». Entendemos mejor a Johnson,* que habla inglés, que a los asesinos, violadores y saqueadores que han cometido todos esos crímenes en ruso.

Y cuando nos sentemos a la mesa de negociación, no será por miedo, con una pistola que nos apunte a la cabeza. Porque, para nosotros, el acero más terrible no es el de los misiles, los aviones o los tanques, sino el de los grilletes. Preferimos vivir en trincheras que con cadenas.

Y levantaremos las manos una sola vez, cuando celebremos la victoria. Como toda Ucrania. No malvendemos nuestra tierra ni a nuestra gente. Ucrania significa toda Ucrania. Las veinticinco regiones, sin «concesiones» ni «compromisos». Ya no reconocemos estas palabras; los misiles las destruyeron el 24 de febrero.

El Donbás es Ucrania. Y volverá a nosotros, sea cual sea el camino. Crimea es Ucrania. Y volverá a nosotros, sea cual sea el camino.

Rusos, ¿no queréis que mueran vuestros soldados? Liberad nuestra tierra. ¿No queréis que

* Zelenski se refiere a Boris Johnson, entonces primer ministro del Reino Unido, que se encontraba de visita en Kíev cuando se pronunció el discurso.

lloren vuestras madres? Liberad nuestra tierra. Estas son nuestras condiciones, claras y simples.

El pueblo libre de una Ucrania independiente. Cada cual pasa este día en un sitio diferente. Unos están en trincheras y refugios, en tanques y en vehículos de infantería, en el mar y en el aire, y luchan por la independencia en primera línea. Otros están en las carreteras, en coches, camiones y trenes, y luchan por la independencia transportando lo necesario a los que están en el frente. Y otros están delante del portátil y del móvil, y luchan por la independencia recaudando fondos para que los que están en la carretera tengan algo que llevar a los que están en el frente.

Afrontamos este día en circunstancias, condiciones e incluso franjas horarias distintas, pero con un mismo objetivo: preservar nuestra independencia y la victoria de Ucrania.

Estamos unidos. Feliz día de la Independencia. Gloria a Ucrania.

Sobre el autor

Volodímir Zelenski es el presidente de Ucrania. Elegido en 2019, ha liderado la resistencia ucraniana frente a la violenta invasión rusa desde el comienzo de la guerra, el 23 de febrero de 2022.

* * *

El único libro autorizado oficialmente por el presidente Zelenski, *Un mensaje desde Ucrania*, incluye discursos que ha seleccionado personalmente para contar la historia del pueblo ucraniano.

Sobre United24

Todas las ganancias que perciba el presidente Zelenski por *Un mensaje desde Ucrania* se destinarán a United24, su iniciativa de recaudación de donaciones en apoyo a Ucrania.

* * *

Los fondos que reciba United24 se transferirán a las cuentas oficiales del Banco Nacional de Ucrania, y los ministerios gubernamentales los destinarán a cubrir las necesidades más urgentes.

United24 está gestionado por el Gobierno de Ucrania.

Para más información, visita <u24.gov.ua>.